U0957287

现代化新征程丛书

隆国强　总主编

NEW INDUSTRIALIZATION BASE

THEORY, POLICY AND LOCAL PRACTICE

新型工业化基地

理论、政策与地方实践

王忠宏　车海刚　张诗雨　主　　编

黄娅娜　执行主编

吴　思　杨良敏　副 主 编

中国发展出版社

CHINA DEVELOPMENT PRESS

图书在版编目（CIP）数据

新型工业化基地：理论、政策与地方实践/王忠宏，车海刚，张诗雨主编. — 北京：中国发展出版社，2023.2

ISBN 978-7-5177-1358-6

Ⅰ. ①新… Ⅱ. ①王… ②车… ③张… Ⅲ. ①中国经济—新型工业化—研究 Ⅳ. ①F120.3

中国国家版本馆CIP数据核字（2023）第023528号

书　　名：新型工业化基地：理论、政策与地方实践
主　　编：王忠宏　车海刚　张诗雨
执行主编：黄娅娜
副 主 编：吴　思　杨良敏
责任编辑：杜　君　龚　雪
出版发行：中国发展出版社
联系地址：北京经济技术开发区荣华中路22号亦城财富中心1号楼8层（100176）
标准书号：ISBN 978-7-5177-1358-6
经 销 者：各地新华书店
印 刷 者：北京博海升彩色印刷有限公司
开　　本：710mm × 1000mm　1/16
印　　张：15.75
字　　数：212千字
版　　次：2023年2月第1版
印　　次：2023年2月第1次印刷
定　　价：68.00元

联系电话：（010）68990630　82097226
购书热线：（010）68990682　68990686
网络订购：http://zgfzcbs. tmall. com
网购电话：（010）88333349　68990639
本社网址：http://www.develpress. com
电子邮件：121410231@qq.com

版权所有 · 翻印必究

本社图书若有缺页、倒页，请向发行部调换

“现代化新征程丛书”
编委会

总主编

隆国强

副总主编

张　辉　薛　澜　袁东明　李晓华　匡佩远　刘尚文

执行主编

王忠宏　梁仰椿

编委（按姓氏笔画为序）

马　骏　马　源　车海刚　汤　滔　张诗雨　岳宗伟

庞清辉　於　亮　赵旭峰　郝建彬　夏杰长　徐东华

高红冰　陶海青　程惠芳

丛书联合编制单位

国务院发展研究中心企业研究所

国研智库

中国国际工程咨询有限公司

工业和信息化部电子第五研究所（服务型制造研究院）

中国社会科学院工业经济研究所

机械工业经济管理研究院

航天云网科技发展有限责任公司

苏州大学北京研究院

浙江工业大学

阿里研究院

之江智慧场景研究中心

《新型工业化基地：理论、政策与地方实践》编委会

主编

王忠宏　车海刚　张诗雨

执行主编

黄娅娜

副主编

吴　思　杨良敏

编委（按姓氏笔画为序）

马健瑞　王新华　车海刚　牛禄青　刘今超　孙东辉

杨良敏　吴　思　吴艳艳　陈海燕　赵　蕊　赵　磊

胡国良　徐　乾　徐　静　黄娅娜　魏广成

总　序

党的二十大报告提出："从现在起，中国共产党的中心任务就是团结带领全国各族人民全面建成社会主义现代化强国、实现第二个百年奋斗目标，以中国式现代化全面推进中华民族伟大复兴。"当前，世界之变、时代之变、历史之变正以前所未有的方式展开，充满新的历史机遇和挑战，全球发展的不确定性不稳定性更加突出，全方位的国际竞争更加激烈。面对百年未有之大变局，我们坚持把发展作为党执政兴国的第一要务，把高质量发展作为全面建设社会主义现代化国家的首要任务，完整、准确、全面贯彻新发展理念，坚持社会主义市场经济改革方向，坚持高水平对外开放，加快构建以国内大循环为主体、国内国际双循环相互促进的新发展格局，不断以中国的新发展为世界提供新机遇。

习近平总书记指出，今天，我们比历史上任何时期都更接近、更有信心和能力实现中华民族伟大复兴的目标。中华民族已完成全面建成小康社会的千年夙愿，开创了中国式现代化新道路，为实现中华民族伟大复兴提供了坚实的物质基础。现代化新征程就是要实现国家富强、民族振兴、人民幸福的宏伟目标。在党的二十大号召下，全国人民坚定信心，同心同德、埋头苦干、奋勇前进，为全面建设社会主义现代化国家，实现第二个百年奋斗目标，全面推进中华民族伟大复兴而团结奋斗。

走好现代化新征程，是站在新的历史方位，推进实现中华民族伟大复兴。党的十八大以来，中国特色社会主义进入新时代，这是我国发展新的历史方位。从宏观层面来看，走好现代化新征程，需要站在新的历史方位，在客观认识、准确把握当前党和人民事业所处的发展阶段基础上，主动适应大国经济阶梯式递进、螺旋式上升和经济高质量发展要求，不断推动我国社会主义从初级阶段向更高阶段迈进。从中观层面来看，走好现代化新征程，需要站在新的历史方位，明晰我国参与国际竞合比较优势的变化，通过深化供给侧结构性改革，对内解决好发展不平衡不充分问题，对外化解外部环境新矛盾新挑战，形成对全球要素资源的强大吸引力、在激烈国际竞争中的强大竞争力、在全球资源配置中的强大推动力，在高水平自立自强基础上塑造参与国际竞合新优势的战略部署。从微观层面来看，走好现代化新征程，需要站在新的历史方位，坚持系统观念和辩证思维，坚持两点论和重点论相统一，以“把握主动权、下好先手棋”的思路，充分依托我国超大规模市场优势，培育和挖掘内需市场，推动产业结构优化和转型升级，提升产业链供应链韧性，增强国家的生存力、竞争力、发展力、持续力，确保中华民族伟大复兴进程不迟滞、不中断。

走好现代化新征程，要把各国现代化的共同特征和我国国情相结合。实现现代化是世界各国人民的共同追求。随着经济社会的发展，人们越来越清醒地认识到，现代化虽起源于西方，但各国的现代化道路不尽相同，世界上没有放之四海而皆准的现代化模式。因此，走好现代化新征程，要把各国现代化的共同特征和我国具体国情相结合。我们要坚持胸怀天下，拓展世界眼光，深刻洞察人类发展进步潮流，以海纳百川的宽阔胸襟借鉴吸收人类一切优秀文明成果。坚持从中国实际出发，不断推进和拓展中国式现代化。党的二十大报告系统阐述了中国式现代化的五大特征，即中国式现代化是人口规模巨大的现代化，是全体人民共同富裕的现代化，是物质文明和精神文明相协调的现代化，是人与自然和谐共生的现代化，是走和平发展道路的现代化。中国式现代化的五大特征，反映出我们的现代化新征程是基于大国经济，按照中国特色社会主义制度的本质要求，实现长期全面、绿色可持续、和平共赢的现代化。此外，党的二十大报告提出了中国式现代化的九方面本质要求，即坚持中国共产党领导，坚持中国特色社会主义，实现高质量发展，发展全过程人民民主，丰富人民精神世界，实现全体人民共同富裕，促进人与自然和谐共生，推动构建人类命运共同体，创造人类文明新形态。这既是我们走好现代化新征程的实践要求，也为我们指明了走好现代化新征程的领导力量、实践路径和目标责任，为我们准确把握中国式现代化核心要义，推动各方面工作向着复兴目标迈进提供了根本遵循。

走好现代化新征程，需要完整、准确、全面贯彻新发展理念，着力推动高质量发展，加快构建新发展格局。党的二十大报告提出，“我国发展进入战略机遇和风险挑战并存、不确定难预料因素增多的时期”。当前及今后一段时间，我国将面临“新的动荡变革”的国际大环境。新发展理念瞄准我国经济社会发展不同方面存在的突出矛盾，为筑牢经济社会发展根基提供了方向指引。要完整、准确、全面贯彻新发展理念，让创新成为第一动力、协调成为内生特点、绿色成为普遍形态、开放成为必由之路、共享成为根本目的，努力实现高质量发展。要统筹国际国内两个大局，统筹发展与安全两件大事，增强国内大循环内生动力和可靠性，提升国际循环质量和水平，增强国内国际两个市场两种资源联动效应，加快构建以国内大循环为主体、国内国际双循环相互促进的新发展格局。

走好现代化新征程，必须全面深化改革开放。改革开放为我国经济社会发展注入了强劲动力，是决定当代中国命运的关键一招。改革开放以来，我国经济社会发展水平不断提升，人民群众的生活质量不断改善，经济发展深度融入全球化体系，创造了举世瞩目的伟大成就。推进中国式现代化，必须坚持深化改革开放。党的二十大报告提出，要“深入推进改革创新”，“着力破解深层次体制机制障碍”，彰显了在现代化新征程上党和国家对全面深化改革的决心。党的十八大以来，我国进入全面深化改革阶段，改革征程上面临的多是难啃的硬骨头、棘手复杂的问题，在将经济社会发展推向新高度的同时，一系列新的时代命题应运而生。走好现代化新征程，需要全面深化改革，大力推进供给侧结构性改革，进一步优化我国经济结构，不断激发市场活力，提升经济发展的韧性、抵御外部风险的能力。对外开放是我国的基本国策，走好现代化新征程，要坚定不移扩大对外开放，提升贸易投资合作质量和水平，稳步扩大规则、规制、管理、标准等制度型开放，营造市场化、法治化、国际化一流营商环境，大力吸引全球资源要素，增强国内国际联动效应，加快构建新发展格局，以高水平开放促进高质量发展。

知之愈明，则行之愈笃。走在现代化新征程上，我们出版“现代化新征程丛书”，是为了让社会各界更好地把握当下发展机遇、面向未来开创新篇，以奋斗姿态、实干业绩助力中国式现代化开创新篇章。具体来说，主要有三个方面的考虑。

一是学习贯彻落实好党的二十大精神，为推进中国式现代化凝聚共识。党的二十大报告阐述了开辟马克思主义中国化时代化新境界、中国式现代化的中国特色和本质要求等重大问题，擘画了全面建成社会主义现代化强国的宏伟蓝图和实践路径，就未来5年党和国家事业发展制定了大政方针、作出了全面部署，是中国共产党团结带领全国各族人民夺取新时代中国特色社会主义新胜利的政治宣言和行动纲领。此套丛书，以习近平新时代中国特色社会主义思想为指导，认真对照党的二十大报告，从报告原文中找指导、从会议精神中找动力，用行动践行学习宣传贯彻党的二十大精神。

二是交流高质量发展的成功实践，为推进中国式现代化汇聚众智。来自12家智库的专家参与本套丛书的编写。本套丛书立足中国式现代化的时代特征和发展要求，直面各个地区、各个部门面对的新情况、新问题，总结借鉴国际国内现代化建设的成功经验，系统地构建了前沿产业、商业环境、发展空间、基础设施“四位一体”的发展思路。丛书内容注重实用性、可操作性，努力打造成为地方政府和企业管理层看得懂、学得会、用得了的使用指南。

三是探索未来发展新领域新赛道，为推进中国式现代化注入新动能。面对百年未有之大变局，数字化转型与绿色化转型加速推进，为我国发展带来新的战略机遇。本套丛书面向未来，深入探索未来发展新领域新赛道，系统分析前沿产业发展的新潜力，为我国发展前沿产业提供新借鉴，为推进中国式现代化注入新动能。

“现代化新征程丛书”主要面向党员领导干部、企事业单位管理层和专业研究人员等读者群体，致力于丰富读者知识素养，拓宽其眼界格局，提升其执政能力、研究能力和实践能力。在丛书编制过程中，重点坚持以下三个原则：一是坚持政治性，把坚持正确的政治方向摆在首位，坚持以党的二十大精神为行动指南，确保相关政策文件、编选编排、相关概念的准确；二是坚持前沿性，丛书选题充分体现鲜明的时代特征，面向未来发展重点领域，内容充分展现现代化新征程的新机遇、新要求、新举措；三是坚持实用性，丛书编制注重理论与实践的结合，特别是用新的理论要求指导新的实践，内容突出针对性、示范性和可操作性。

“现代化新征程丛书”按照“四位一体”架构进行设计，第一期包含十余种图书，主要涵盖四个方面：前沿产业、商业环境、发展空间、基础设施。其中，“前沿产业”主题有“未来产业”“新金融”“服务型制造”“氢能产业”“元宇宙”“扎根实体经济”“制造新模式”；“商业环境”主题有“优化营商环境”；“发展空间”主题有“未来社区”“新型工业化基地”“先进制造业集群”；“基础设施”主题有“新基建”；此外，丛书编委会根据前期调研，撰写了“高质量发展典型案例”。

相知无远近，万里尚为邻。我们希望通过此套丛书，加强智库与智库、智库与传播之间协作，促进智库研究机构与智库传播机构的高水平联动，构建智库型出版产业体系和生态系统，实现“智库引领、出版引路、路径引导”，共同助力高质量发展，为全面建成社会主义现代化强国、实现第二个百年奋斗目标作出积极贡献！

隆国强

国务院发展研究中心副主任、党组成员

2023 年 1 月

前 言

工业是立国之本、强国之基。党的二十大报告提出，加快建设现代化经济体系，着力提高全要素生产率，着力提升产业链供应链韧性和安全水平，推动经济实现质的有效提升和量的合理增长。建设现代化产业体系的核心是把经济发展的着力点放在实体经济上，着力推进新型工业化。

改革开放以来，依托对外开放，我国成为制造业国际产业转移最重要的承接地，快速发展的工业促使中国经济高速增长，成为全球第二大经济体。通过几十年持续不断地推进工业化，我国目前已经建成了门类齐全、独立完整的工业生产体系，拥有世界上最为复杂完整的各类工业产业链条。我国连续 13 年保持世界第一制造大国地位，已彻底融入全球供应链，与世界经济紧密连接，“世界工厂”的核心地位难以撼动。随着全球化的不断深入和工业转型升级的不断推进，我国制造业也朝着中高端方向演进，在全球产业链供应链中的影响力持续攀升。

当然，我国工业发展在取得辉煌成就的同时，也面临诸多新形势下的挑战。近年来，新一轮科技革命给工业发展带来新的机遇和挑战，世界主要工业国相继制定实施振兴制造业战略。在美国，政界和企业界分别从顶层政策设计和龙头企业联合出发，共同发力先进制造业，力图维护美国自二战以来的世界霸主地位。德国抢抓“工业 4.0”机遇，以数字化、智能化和绿色化战略重振工业“雄风”。在东亚，日本和韩国从更微观的角度制定更适应本国国情的政策和战略，发展新产业、开拓新领域。与此同时，全球产业分工在地缘政治、新的贸易规则影响下正在发生改变，中美贸易摩擦、新冠疫情、乌克兰危机等加剧了外部的不确定性，中国工业化的发展进入大国博弈阶段，外向型发展的道路受阻。

推动新型工业化是建设社会主义现代化强国的必然要求。新型工业化应满足深度、完整、高级、融合、绿色、开放等方面的要求。推动新型工业化要坚持以创新驱动发展，增强自主创新能力；深入推进工业数字化、智能化转型，加速提升产业效率；制造业与服务业融合发展，工业化和城镇化、农业现代化协同发展；推进工业绿色化转型，走可持续发展道路；发展开放的工业化，彰显大国风范。

为了进一步推动产业集聚区规范发展和提质增效，工业和信息化部自 2009 年制定和出台了国家新型工业化产业示范基地（以下简称示范基地）的管理办法，组织开展示范基地建设和管理工作。十多年来，在国家新型工业化产业示范基地评选的带动下，各类开发区、工业园区、国家规划重点布局的产业发展区域坚持“突出企业创新主体地位、推动支柱产业链群化发展、完善支柱产业服务体系”，示范基地新兴产业发展态势显著增强，已成为产业转型主阵地，有力引领带动了全国工业经济和地方经济的发展。截至 2022 年 3 月，被批复的示范基地已有 10 批共 445 家，以先进制造业和战略性新兴产业为主导，覆盖全部经济区域和 32 个细分行业。示范基地创造了全国三成以上的工业增加值、三成以上的进出口总额、五成左右的工业利润，平均销售收入突破千亿元，对全国工业增加值的贡献超过 1/3，成为引领和带动全国工业发展的骨干力量。面对当前的多重压力，示范基地在科技创新、数字化转型、产业协同、绿色生态、全球产业链中起到了示范引领和“压舱石”的重要作用，产生了诸多典型先进案例。

为了全面分析国家新型工业化示范基地发展经验，中国发展出版社、中国社会科学院工业经济研究所、工业和信息化部网络安全产业发展中心、中国人民大学、华略智库等机构的专家和学者组成编委会，组织编写了《新型工业化基地：理论、政策与地方实践》。本书为国研智库“国家新型工业化产业示范基地现状、问题及发展对策”课题研究成果，分别从发展背景、理论内涵、国际经验、总体情况、调研分析、典型案例、发展对策等方面，全方位分析了示范基地的理论依据和国际参照，阐述了示范基地的建设进展和待改善之处，展示了示范基地的成功做法和典型经验，最后提出了对示范基地未来发展的建议。

希望本书能够为各地工业和信息化主管部门、各示范基地了解示范基地发展定位、当前状况，对标先进、提高发展质量提供参照和借鉴，同时也为研究工业发展、产业经济的相关学者提供我国走新型工业化道路、努力从工业大国转变为工业强国的案例参考。

本书在调研过程中得到了北京、上海、浙江、安徽、广东、山东、四川、贵州、甘肃等地相关部门的支持，在编写过程中也得到了有关领导和专家的指导、帮助，在此一并表示感谢！疏漏之处，敬请批评指正。

黄娅娜

2023 年 2 月于北京东厂胡同

目　录

第一章

当前我国工业化发展的时代背景、机遇与挑战

当前我国已经基本完成了工业化，并且在工业经济领域取得了突出成就，但我国的工业发展仍面临传统产业竞争力下降、产业外迁等挑战。以信息技术为主的一大批主导技术的革命性变革共同推动了新工业革命的到来，全球制造业的分工格局即将重构，为我国的工业发展带来了新的机遇和挑战。在金融危机、中美贸易摩擦、新冠疫情、乌克兰危机等复杂的政治和时代背景下，中国工业化的发展已经进入大国博弈阶段。工业是经济社会稳定运行的基本保障，是参与国际产业竞争的中坚力量，能带动欠发达地区加速发展，支撑我国跨越“中等收入陷阱”。推动新型工业化是我国抓住机遇应对挑战、建设社会主义现代化强国的必然要求。

一、工业化发展成就与挑战

通过几十年持续不断的努力，我国已经基本完成工业化，并且在工业经济领域取得了突出成就。第一，成为品类齐全、规模庞大的制造业第一大国。我国已经建成门类齐全、独立完整的制造业生产体系，拥有世界上最为复杂完整的各类制造产业链条。在世界500种主要工业品中，中国有超过四成产品的产量位居世界第一。从产值来看，2022 年我国工业增加值为 40.2 万亿元，其中制造业增加值为 33.5 万亿元，连续 13 年保持世界第一制造大国地位。第二，融入了全球经济，世界工厂地位凸显。自 2001 年加入世贸组织以来，“中国制造”凭借低廉的综合要素成本成为全世界制造业生产成本的“洼地”，吸引了发达国家制造业企业向中国进行产业转移，中国一跃成为“世界工厂”。根据海关总署数据，我国货物贸易进出口总额从 2001 年的 4.2 万亿元增长到 2022 年的 42.1 万亿元，22 年间增长了 9 倍；贸易顺差从 2001 年的 1865 亿元增长到 2022 年的 5.9 万亿元，21 年间增长了 30 多倍。国际贸易的快速增长证明“中国制造”彻底融入全球供应链，与世界经济紧密联结，“世界工厂”的核心地位难以撼动，体现了我国强劲的制造实力。第三，我国制造业实力大幅提升，中高端竞争力增强。随着全球化的推进和不断转型升级，我国制造业细分行业中，高技术制造业、装备制造业的比重快速增加。具体来看，光伏、新能源汽车、家电、智能手机等重点产业跻身世界前列，通信设备、高铁等领域的一批高端品牌走向全球，“中国制造”在全球产业链供应链中的影响力持续攀升，从价值链的中低端向中高端迈进。

但是，我国的工业化发展面临传统产业竞争力下降、产业外迁等挑战。随着国内产业转型提速、综合成本攀升，服装、食品等劳动密集型产业开始向越南、柬埔寨、孟加拉国等东南亚、南亚国家转移。近年来，产业转移开始延伸至信息与通信技术等行业，三星等电子巨头大量投资越南，手机、笔记本电脑等最终产品加工制造环节向东南亚转移的态势增强。2019 年以来，受中美贸易摩擦影响，中国制造业企业的出口订单进一步流失。据海关总署统计，2020 年，我国来料加工装配贸易出口总额为 4690.1 亿元，同比下降 12.8%；来料加工装配贸易进口总额为5308.0亿元，同比下降14.2%。据《中国国际服务贸易发展报告（2022）》披露，我国加工贸易出口占比仅约为30%，远远低于1999年占比接近六成的水平，加工贸易增速已连续多年低于一般贸易，这既是国内配套能力提升的结果，也反映出我国在全球产业链供应链上的分工参与度出现减少迹象。劳动密集型产品出口订单流失具有极大的不可逆性，尽管我国机电产品出口占比已超过劳动密集型产品，但劳动密集型产业在吸纳就业、促进地方经济发展、创造税收等方面仍发挥着重要作用。劳动密集型产业转移范围扩大，不仅直接危及中国供应链体系的完整性，而且会使传统行业失业矛盾加剧，并将进一步损害实体经济的活力和市场信心。在传统产业产能向海外转移趋势增强的情况下，国内制造业通过结构调整，形成新增长点以保持合理增速、保持在国民经济中的支柱地位的压力显著增大。

二、新一轮科技革命和产业变革

以信息技术为主的一大批主导技术的革命性变革共同推动了新工业革命的到来，全球制造业的分工格局将会重构，这意味着中国必须紧紧跟随最先进技术发展的步伐，才不会在未来产业竞争中受制于人。一方面，在技术高速进步的同时，技术路线的不确定性将不可避免地增强，中国在前沿产业技术的发展中将需要投入更多的资本，并且承担很大的失败风险。在新工业革命中，受技术禀赋、垄断势力和政策偏好的影响，不同研究机构、企业和政府部门可能会围绕同一目标形成多个技术路线，而在后期的竞争和市场选择中，一般会出现技术路线的收敛，很多耗资巨大的创新最终并不会被市场接受。21 世纪的前 20 多年里已产生了多次不同技术路线的选择和淘汰，例如显示技术、移动通信技术、新能源技术等。在这种情况下，技术创新活动不仅需要巨大投入，更需要胆识和担当，在一些关系未来产业发展核心竞争力的技术领域，国家不仅要给予人、财、物保障，同时还要关注多条技术发展路线。另一方面，新技术革命和产业变革使我国传统生产要素比较优势不断丧失，对于创新驱动有了更高的要求。从“十二五”时期开始，我国制造业就面临传统要素成本不断上涨的压力，劳动力紧缺和用工成本过高的问题逐渐从沿海发达地区蔓延到全国，制造业发展环境约束日益增大，主要能源、工业原材料进口依赖度不断提高，受国际价格变动冲击越来越大。我国制造业发展的一系列传统要素“红利”在近十年里被加速消耗，有些甚至从比较优势变为重要制约。未来产业的转型升级主要依赖于创新驱动，但是由于体制机制上的原因，我国创新体系一直存在主体动力不足、功能定位模糊等问题。科研机构、大学、企业在创新链上难以形成合力。这在一定程度上导致我国虽在创新投入和以专利、论文发表为指标的创新产出方面不断攀高进入世界前列，但科技研发活动较难产生有经济价值的创新成果，创新成果较难支撑产业的高技术化和产业结构的高级化，高新技术产业的发展较难创造高额利润，这是我国当前科技创新活动的一大痛点。创新能力弱仍然是大多数产业部门转型升级的最大制约，低效的创新体系与加快创新型国家建设的要求还有很大差距。特别是在以信息技术变革为主要特征的新工业革命中，数字技术创新能力还难以为制造业数字化转型提供坚实支撑，我国不但在智能制造设备领域对国外有较大依赖，而且在通用数字技术的创新方面落后于美国。在美国竭力推动中美科技“脱钩”以维护其科技霸权的背景下，新兴数字技术创新方面的差距将会对我国制造业智能化转型形成较大约束。

三、大国博弈新阶段的时代背景

当前，全球贸易保护主义抬头，叠加中美贸易摩擦升级的影响，我国制造业外向型发展道路受阻。2008 年国际金融危机之后，我国克服全球经济下行的压力，经济保持快速增长，并于 2010 年在制造业规模上赶超美国。此后美国将我国作为其发展的一个挑战者，开始对我国产业进行打压，并逐渐引起全球性的贸易保护主义抬头，我国制造业外向型发展道路受到了较大阻碍。以往对外开放的“干中学”模式被打破，国际合作研发、开放的全球化环境下的供应链中的知识和技能外溢的机制正在萎缩。2019 年 8 月 1 日，美国宣布对价值 3000 亿美元的中国出口商品加征 10% 关税，随后又在同年的 8 月 6 日将中国列为“汇率操纵国”。事实上，从 2018 年 4 月制裁中兴通讯开始，美国就已经通过多种手段对我国制造业特别是高科技制造业的全球化发展进行阻挠。随着摩擦加剧，美国在贸易、科技、金融等领域对我国不断施压，严重冲击我国制造业出口和供应链安全稳定，不少国内企业和在华外资企业着手将部分产业链向海外转移，专利密集型领域中美产业链“脱钩”风险不断增加。尽管通过谈判和努力，美国很多针对中国、中国企业的制裁最后不断延期或没有真正实施，但中美之间在高科技领域的竞争必然不断加剧，美国也不会对此有实质性让步。中美科技和产业间的竞争将逐渐聚焦于能够在未来起到支柱和引领作用的领域，且这种竞争状态将长期持续下去。目前，在人工智能、5G 网络等领域，已经出现以中美两国为主的全球竞争格局。中国越来越深入参与全球科技和高科技制造业的竞争，将打破美日欧长期垄断高科技产业主导全球制造业分工的基本格局，必然引发中国与主要发达国家在高科技领域更加激烈的竞争。在美国的影响下，发达国家将进一步遏制中国高科技产业的发展，中国与发达国家的分工和贸易关系将在动荡中调整。

在复杂动荡的国际环境下，许多国家和地区纷纷实施“新产业政策”，引导再工业化和制造业回流，中国制造业的发展竞争压力增大。2008 年国际金融危机发生后，世界范围内出现了“新产业政策”实践的热潮。据联合国贸易和发展会议、世界银行等机构统计，2008—2017 年，全球有 101 个经济体（占世界 GDP 的九成以上）制定实施了产业政策。无论是发达国家和地区推动“再工业化”还是发展中国家和地区加快工业化，世界各地普遍、广泛地运用产业政策工具推动实体经济发展，以此实现重要产业供应链的多元化与自主可控。其中，美国、德国、日本等工业强国的政府重新认识产业政策的作用和所扮演的角色，纷纷通过实施功能性产业政策，发现并识别新兴产业的技术路线，巩固先进制造的竞争优势，引导制造业回流。发达国家制定的大数据、人工智能等专项规划以及 2019 年发布的《面向二十一世纪欧洲工业政策之法德宣言》《德国工业战略 2030》等综合性政策文件，都传递出清晰的战略信号：工业大国将进一步强化政府在前沿技术和新兴产业等领域的作用，加大创新投入、融资支持等正向手段与针对竞争对手的投资审查、高技术出口管制等非关税措施的并用，确保赢得新工业革命重点产业的竞争。

2020 年以来的新冠疫情全球大流行对经济产生了持续而深远的影响。新冠疫情暴发之初，我国制造业运行遭到了前所未有的短期冲击，制造业增速回落幅度远超 2003 年“非典”时期和 2008 年国际金融危机时期，负面冲击通过供应链、产业链在行业和区域间交叉传导，造成全国范围的工业供应链网络、销售体系和物流体系严重破坏。2020 年 1 月到 2 月，我国 41 个大类工业行业中有 39 个行业增加值同比负增长，31 个省（自治区、直辖市）工业增加值全部负增长。2020 年年中开始，新冠疫情在全球范围内扩散，疫情对全球制造业供应链带来的风险包括供应和生产中断、供应链成员企业的相互影响及资金链断裂、订单履行缺失和后期产能不足等。从影响态势看，新冠疫情对我国制造业供应链的冲击很快从对产业的内部冲击转向对产业的外部冲击，从对供给端的冲击转向对供给端和需求端的双向冲击。新冠疫情的全球蔓延进一步从需求层面继续放大全球供应链系统的脆弱性，一些断裂的进出口渠道使我国内部的制造业供应链结构面临更大的挑战。新冠疫情在一定程度上加速了跨国企业的多元化布局，制造业企业将尽可能在全球不同地区寻找原材料供应商或在靠近销售市场的地方进行生产经营，以增强供应链应对突发事件的韧性和弹性，产业外迁和转移的风险进一步增大。

四、推动新型工业化是建设社会主义现代化强国的必然要求

中华人民共和国成立以来，工业对我国经济社会发展一直发挥着不可替代的支柱作用。改革开放之后，依托对外开放，中国成为制造业国际产业转移最重要的承接地，工业成为过去四十余年带动中国成为全球第二大经济体最重要的推动力量。在基本实现工业化的基础上，在向富

强民主文明和谐美丽的社会主义现代化强国迈进的过程中，工业在我国国民经济和社会发展中的支柱地位不会改变。

工业是经济社会稳定运行的基础保障，是参与国际产业竞争的中坚力量，在带动欠发达地区加速发展方面有不可替代的作用。同时，工业在支撑我国跨越“中等收入陷阱”和作为技术创新重要载体等方面的新功能将逐步凸显。第一，工业保持一定规模和比重是经济社会稳定运行的基础保障。工业是最主要的物质生产部门，为居民生活、各行业的经济活动提供其他任何行业都无法替代的物质产品。没有现代化的工业体系，经济活动缺乏运行的物质基础，就会在综合国力的竞争中受制于人，就不能满足人民日益增长的美好生活需要，就不能有力应对自然灾害、传染病疫情等重大突发事件，就不能维护国家安全、保证人民安居乐业。从发达国家深受国际金融危机冲击的教训来看，工业是维持国家经济实力的重要保障。第二，工业是我国最具国际竞争优势的产业。2019 年，中国有 129 家企业进入世界 500 强行列，有 1/4 的企业主业是制造业，且在不同行业的横向比较中，我国大型企业中制造业的国际化程度更高。中国制造业很早就参与全球产业分工，在发展过程中逐渐赢得并不断巩固世界领军者的地位。制造业是我国吸引外资的主力军，在对外投资中的重要性不断提高。2022 年，我国制造业实际利用外资 3237 亿人民币，占实际利用外资总额的 26.3%；2020 年和 2021 年，我国制造业对外投资存量分别为 2778.7 亿美元和 2632.6 亿美元，占全部对外直接投资存量的比重为 10.77% 和 9.45%。近年来，在“一带一路”沿线国家和地区，中国制造业企业帮助当地建设产业基础设施、完善交通网络、吸纳就业和培养人才、创造税收和增加收入，将中国制造业先进的工艺技术、管理手段传播到全球，在获得经济价值的同时提高了中国的国际声誉。第三，工业带动落后地区经济发展的作用不可替代。工业有产业链长、带动面广、吸纳就业和技术扩散作用强等特点，是启动经济、促进发展的重要产业部门。从工业化的一般规律看，一个经济欠发达地区在工业化初期开始经济起飞的阶段，通常也是工业在三大产业中占比迅速提高的阶段，结合当地条件选择发展适合当地需求的工业是我国许多地区摆脱落后、加快发展的成功经验。第四，工业是跨越“中等收入陷阱”的关键支撑。从历史发展规律来看，在人均 GDP 从 8000 美元向 12000 美元迈进的过程中，只有将工业的比重保持在较高水平才能摆脱“中等收入陷阱”。第五，工业是新技术与新模式的重要载体。创新活动中的人才、资金、硬件设施等很多都依赖于工业，同时，工业还是技术创新的“母体”，它搭建了创新活动的物理系统，为创新成果产业化、商业化应用提供了验证场所。即便是工业比重很低的美国，也有约 70% 的创新活动直接依托于工业，或者间接受工业的资助。近年来，在自主创新、创新驱动等国家战略的指引下，我国通过建设制造业创新中心、开展试点示范、夯实产业技术基础、实施重大专项、加强产学研合作等措施，积极推动工业领域的科技创新和科技成果产业化，创新体系建设方面全面提速，不仅工业发展水平得到提高，还打造了技术创新、业态创新与产业部门紧密结合的重要载体。例如，工业强基工程已建成 19 家产业技术基础公共服务平台、200 家工业产品质量控制和技术评价实验室，助力科技创新成果工程化。

党的十六大报告在全面建设小康社会的目标中指出，要力争用 20 年时间基本实现工业化，从而确立了我国实现工业化的时间表。新型工业化道路中的“新型”有两层含义：第一层含义是相对于我国原有的工业化道路而言，它是新型的；第二层含义是相对于西方发达国家走过的工业化道路而言，它是新型的。新型工业化道路与传统工业化道路的根本区别在于，它是在新一轮科技革命和产业革命背景下的工业化，是当前国际分工格局重构趋势下，中国制造“由大变强”的工业化道路。党的十八大以来，我国更加强调推动新型工业化。“十四五”规划提出，展望2035年，我国要基本实现新型工业化、信息化、城镇化、农业现代化，建成现代化经济体系。综合来看，新型工业化是当前贯彻新发展理念，服务新发展格局构建，顺应新一轮科技革命和产业变革发展趋势，有效推动实现中国式现代化，支撑我国实现共同富裕，支撑社会主义现代化强国建设，支撑第二个百年奋斗目标实现的必然选择。

第二章

新型工业化的理论内涵

党的十六大以来，新型工业化的概念强调信息化在工业化中的作用，主要目标是基本实现工业化，注重依靠科技进步和提高劳动者素质，改善经济增长质量和效益。这一时期，“新型工业化”的“新”是相对于发达国家的传统工业化而言的。党的十八大以来，新型工业化的内涵更加丰富，更加注重资源节约和环境保护、发挥人力资源作用、管理创新与技术进步。立足于发展适合中国国情、符合时代趋势的新型工业化，一些学者从资源配置、科技创新、区域发展、产业结构、集约高效、资源节约和环境友好等方面给出了许多政策建议。当前，我国已进入新发展阶段，新型工业化有了深度、完整、高级、融合、绿色、开放的新内涵，其发展需要适应新的时代要求，具备新的特征：一是坚持以创新驱动发展，增强自主创新能力；二是深入推进工业数字化、智能化转型，加速提升产业效率；三是制造业与服务业融合发展，工业化和城镇化、农业现代化协同发展；四是推进工业绿色化转型，走可持续发展道路；五是发展开放的工业化，彰显大国风范。

一、关于新型工业化内涵的主要观点

新型工业化的概念最早出现在党的十六大报告中，十六大报告指出，实现工业化仍然是我国现代化进程中艰巨的历史性任务。信息化是我国加快实现工业化和现代化的必然选择。坚持以信息化带动工业化，以工业化促进信息化，走出一条科技含量高、经济效益好、资源消耗低、环境污染少、人力资源优势得到充分发挥的新型工业化道路。这一时期的“新型工业化”概念，强调信息化在工业化中的作用，主要目标是基本实现工业化，注重依靠科技进步和提高劳动者素质，改善经济增长质量和效益。党的十七大在党的十六大的基础上，总结五年来的实践，进一步提出要发展现代产业体系，大力推进信息化与工业化融合，促进工业由大变强，振兴装备制造业，淘汰落后生产能力，从而丰富了新型工业化道路的内涵。

党的十八大以来，我国更加强调推动新型工业化：坚持走中国特色新型工业化、信息化、城镇化、农业现代化道路，推动信息化和工业化深度融合、工业化和城镇化良性互动、城镇化和农业现代化相互协调，促进工业化、信息化、城镇化、农业现代化同步发展。2013 年 12 月，李克强总理向联合国工业发展组织第十五届大会发表视频致辞时强调：要实现包容和可持续的工业发展，重点是促进发展中国家提高工业化水平、改善人民生活，使更多人减贫。同时必须走新型工业化之路，更加注重资源节约和环境保护、发挥人力资源作用、管理创新与技术进步，努力实现转型发展、绿色发展，使全球工业在发展中升级，在升级中发展[①]。2015 年 7 月，习近平总书记在同吉林省企业职工座谈时明确指出：中国梦具体到工业战线就是加快推进新型工业化[②]。《中华人民共和国国民经济和社会发展第十四个五年规划和 2035 年远景目标纲要》又一次

---

① 李克强：探索走新型工业化发展之路 [EB/OL].（2013-12-03）[2023-01-10].https://news.12371.cn/2013/12/03/ARTI1386045430773518.shtml.

② 振兴东北等老工业基地 习近平这样说 [EB/OL].（2015-07-19）[2023-01-10].http://politics.people.com.cn/n/2015/0719/c1001-27327088.html.

指出，展望2035年，我国要基本实现新型工业化、信息化、城镇化、农业现代化，建成现代化经济体系。2022年10月召开的党的二十大提出：坚持把发展经济的着力点放在实体经济上，推进新型工业化，加快建设制造强国、质量强国、航天强国、交通强国、网络强国、数字中国。

作为我国工业发展的主管部门，工业和信息化部对新型工业化的内涵作出了一系列阐述。2008年，工业和信息化部提出，新型工业化道路必须与经济社会协调发展。一是工业化和信息化协调发展，加快“两化”融合；二是工业化和生态保护协调发展，走绿色工业化之路；三是工业化和农业现代化协调发展，以工业化促进农业现代化；四是高新技术和适用技术协调发展，走高质量工业化之路；五是工业化和全球化协调发展，走国际化市场之路；六是工业化和服务业协调发展，走繁荣现代服务业之路[①]。2008年，工业和信息化部时任负责人指出，坚持走中国特色的新型工业化道路应包括六个方面的内涵：一是要坚持把经济发展建立在科技进步的基础上，带动工业化在高起点上迅速发展；二是坚持注重经济发展的质量和效益，提高投入产出效率和经济回报；三是坚持推广应用先进适用技术，提高能源资源利用效率，突破能源资源约束；四是坚持防治污染、保护生态环境，使经济建设和生态建设和谐发展；五是坚持以质取胜的战略方针，为社会提供能够引导消费、满足需求、质量优良的产品和服务，提高市场竞争力；六是坚持以人为本，提高劳动者素质，充分发挥人力资源优势，注重改善民生，保障劳动者生命和健康安全[②]。2012年，工业和信息化部时任负责人提出，坚持中国

① 推进“两化”融合走新型工业化道路述评之一坚定不移地走新型工业化道路 [EB/OL].（2008-12-16）[2023-02-01].https://www.miit.gov.cn/jgsj/zfs/zcyj/art/2020/art_4b87b9c6967c4944aa5a040d201f476b.html.

② 李毅中：坚定不移地走中国特色新型工业化道路 [EB/OL].（2008-11-28）[2023-01-17].http://www.gov.cn/gzdt/2008-11/28/content_1163151.htm.

特色的新型工业化道路，其实质是要走出一条以发展现代产业体系为支撑、不断优化提升产业结构；以科技创新为主要动力、实现由“中国制造”向“中国制造 + 中国创造”转变；以与信息化融合为主要途径、实现生产方式根本性变革；以清洁安全和集约增长为内在要求、实现绿色发展；以充分发挥人力资源优势为出发点、注重解决就业问题的工业化发展之路①。我们必须始终坚持走新型工业化道路，遵循工业化客观规律，适应市场需求变化，根据科技进步新趋势，积极发展结构优化、技术先进、清洁安全、附加值高、吸纳就业能力强的现代产业体系②。2018 年，工业和信息化部时任负责人进一步指出，坚持中国特色新型工业化道路，就是要坚持工业和信息化融合发展，建设制造强国③。

基于新发展阶段的工业化特征，许多专家学者从学术研究视角阐释了新型工业化的主要内涵，为新型工业化的相关政策制定提供了支撑证据。一些学者指出，“新型工业化”的“新”是相对于发达国家的传统工业化而言的，他们从各自研究的切入点出发，分析了以中国为代表的发展中国家新型工业化的“新”的内涵特征。曲格平从可持续发展角度提出，走新型工业化道路，就是要吸取西方发达国家和中国工业化进程中的经验教训，所谓新型工业化道路，也就是可持续发展的工业化道路，既要经济发展，又要生态环境的保护，实现“生产发展、生活富裕、生态良好”三位一体的发展目标④。任保平提出新型工业化是在可持续发展观念的指导下，以信息化和技术创新为动力，在充分就业的基

① 光明日报：新型工业化道路如何走？[EB/OL].（2012-06-12）[2023-01-22].https://www.miit.gov.cn/xwdt/gxdt/ldhd/art/2020/art_9aa3558a114b48dca6ee78f6f03cda11.html.

② 谋划新型工业化路径——苗圩谈中央“六个着力推进”[EB/OL].（2012-06-01）[2023-01-20] http://www.gov.cn/jrzg/2012-06/01/content_2150269.htm.

③ 苗圩：坚持中国特色新型工业化道路 建设制造强国 [EB/OL].（2018-12-13）[2023-01-10]. https://www.miit.gov.cn/xwdt/gxdt/ldhd/art/2020/art_e30e05a4d31b4dc68991007ff7f5526e.html.

④ 曲格平 . 探索可持续的新型工业化道路 [J]. 环境保护 , 2003(1): 3–5.

础上实现的一系列基于生产函数连续变化以及由此而引起的结构转化的过程[①]。与发达国家和地区的工业化相比，中国新型工业化道路的“新”主要表现在：以信息化带动的跨越式发展；在可持续发展基础上的工业化；以充分就业为先导；要把公有制经济和非公有制经济结合起来，强调民间投资对新型工业化的推动作用；工业化以政府主导型的市场经济为背景。

“中国经验”的核心是对国情“特质”的科学把握并据此来制定经济现代化战略。立足于发展适合中国国情、时代趋势的新型工业化，一些学者从资源配置、科技创新、区域发展、产业结构、集约高效、资源节约和环境友好等方面给出了丰富的政策建议。陈佳贵、黄群慧提出，当我国现代化进程进入从工业大国向工业强国转变的新阶段，发展重化工业具有重要的战略意义，必须走符合中国国情的新型工业化道路，强调集约式、高效益的重化工业发展路径，依靠信息技术、节能技术以及环保技术等领域的创新，能够最大限度地缓解重化工业发展与资源环境之间的矛盾，使重化工业能够以最小的资源和环境代价实现自身的快速发展[②]。中国社会科学院工业经济研究所课题组认为，要走出一条有中国特色的新型工业化道路，调整和优化升级的方向有：资源节约、环境友好型的工业结构；有利于充分发挥劳动力比较优势的工业结构；高附加值化、高加工度化、高技术化的工业结构；有利于国际分工地位不断提高的工业结构[③]。

总体而言，党的十八大以前，中国特色新型工业化是相对于传统工业化而言的，其含义主要包括四个方面：一是注重工业化与信息化的融合发

① 任保平．新型工业化：中国经济发展战略的创新 [J]. 经济学家，2003(3): 4–11.

② 陈佳贵，黄群慧．工业发展、国情变化与经济现代化战略——中国成为工业大国的国情分析 [J]. 中国社会科学，2005(4): 4-16+205.

③ 中国社会科学院工业经济研究所课题组，李平．“十二五”时期工业结构调整和优化升级研究 [J]. 中国工业经济，2010(1): 5–23.

展，信息化能对工业化产生积极的推动作用，可以在工业化进程中推进信息化，以信息化带动工业化，以工业化促进信息化；二是要求吸取发达国家的教训，强调生态环境建设和环境保护，走可持续发展的道路，实现经济发展同人口、资源和环境的协调；三是要求处理好资本密集型产业与劳动密集型产业的关系，处理好高新技术产业与传统技术产业的关系；四是要通过信息化来提高全要素生产率，实现经济增长方式的根本性转变。

近年来，新一轮科技革命和产业变革正在全球范围蓬勃兴起，其核心是以云计算、大数据、物联网、人工智能、区块链等为代表的新一代信息技术，新一代信息技术的特征、影响及其与工业的融合程度和赋能能力与20年前相比有了不可同日而语的变化，新型工业化的内涵也进一步丰富。

党的十八大以来，新型工业化的概念强调以下重要特征：绿色、数字化、协调、可持续。新型工业化的内涵不局限于工业自身的良好发展，而是延伸到有利于整个经济社会高质量发展、促进人民幸福的发展。贾根良从演化经济学的理论和经济史的视角进行分析，提出新型工业化道路应该在信息化的基础上增加可再生能源革命（绿色技术）、智能化和纳米技术革命的新内涵，依托民族产业和庞大的国内市场，从新技术革命的产业价值链高端入手，重塑我国在第三次工业革命中的竞争优势[①]。黄阳华通过研究德国“工业4.0”计划，指出“以信息化带动工业化，以工业化促进信息化”不可能停留在过去的技术前沿要求上，必将表现为新型智能制造技术与新一代互联网技术基础之上的以智能化为核心的升级版“两化融合”。在新的发展阶段，升级版“两化融合”还必须“超出”工业领域，促进国民经济体系的智能化，带动传统产业改

① 贾根良 . 第三次工业革命与新型工业化道路的新思维——来自演化经济学和经济史的视角[J]. 中国人民大学学报 , 2013, 27(2): 43–52.

造升级，促进新兴技术的持续成长[①]。颜英、何爱国在梳理总结我国工业化道路的基础上，提出21世纪以来，在产业结构合理化、转变经济增长方式的基础上，新型工业化道路是以市场为主导，以企业为主体的工业市场化、全球化、创新化道路；是以信息化带动工业化、工业化促进信息化、信息化与工业化高度融合为特征的工业信息化、智能化道路；是以节约发展、清洁发展、安全发展、可持续发展为导向的工业绿色化、生态化道路；是与农业现代化、城镇化互动发展、协调发展、同步发展的工业化道路[②]。黄群慧等认为，新型工业化可以理解为相对于传统工业化而言，符合新发展理念和当今世界信息化、智能化的现代趋势，具有更高的科技创新能力，更协调、更绿色、可持续、更包容、高质量的工业化[③]。史丹提出，新型工业化是涉及生产要素、资源环境与生产方式的系统性、整体性变革，是全面促进经济发展的工业化[④]。

二、新发展阶段我国新型工业化的内涵

结合党的二十大提出的“建设现代化产业体系，坚持把发展经济的着力点放在实体经济上，推进新型工业化，加快建设制造强国、质量强国、航天强国、交通强国、网络强国、数字中国”与各方在新型工业化

① 黄阳华．德国“工业4.0”计划及其对我国产业创新的启示[J]. 经济社会体制比较，2015(02): 1–10.

② 颜英，何爱国．新中国七十年的工业化道路[J]. 福建论坛(人文社会科学版)，2019(7): 19–30.

③ 黄群慧，贺俊，倪红福．新征程两个阶段的中国新型工业化目标及战略研究[J]. 南京社会科学，2021(1): 1–14.

④ 史丹．新发展阶段走好新型工业化之路[J]. 智慧中国，2021(4): 27–29.

内涵方面的观点，特别是着眼于“十四五”及中长期内外环境的复杂变化，笔者认为新发展阶段我国新型工业化的内涵将更加丰富。

(一)深度的工业化

实施深度工业化战略是清晰展现我国制造业发展阶段任务目标的战略要求。我国过去的工业化是以数量扩张为主的浅层次工业化，主要体现为“三为主、三不足”：一是产业发展以数量扩张为主，质量提升不足；二是产业结构以劳动密集型、重化工型产业为主，技术密集型和知识密集型产业发展不足，高技术制造业增加值占规模以上工业比重仅为14.4%(2020年)；三是产品技术含量以初级加工和简单加工为主，精深加工和复杂加工不足，在全球价值链分工中大量进口中间产品、出口加工组装产品[①]。

新发展格局下的新型工业化必须告别浅层次、数量型、粗放型的工业化模式，抓住新一轮科技革命和产业变革加快发展的机遇，紧扣制造业高质量发展的核心内涵，实施深度工业化战略，以质量变革为核心、效率变革为目标、动力变革为重点，打造先进技术深度应用的、技术含量和加工复杂程度比较高的、专精特新的、高质量的、创新引领的深度工业化模式。

实施深度工业化战略是促进区域协调发展的重要途径。我国国土空间广阔，制造业发展回旋余地大，但发展不平衡不充分的问题也很突出：既有处于工业化后期或后工业化时期的上海、广东、浙江、江苏等沿海发达地区，也有经济基础较为薄弱、仍处于工业化中期甚至初期的

① 盛朝迅．实施深度工业化战略促进“双循环”的思考与建议[J].中国发展观察，2020(17):3.

中西部地区。实施深度工业化战略，对于推动内陆地区工业化进程，解决区域发展不协调不平衡问题，促进区域要素自由有序循环流动，提高资源空间配置效率，建设和谐稳定边疆，实现东中西各区域更高质量、更有效率、更加公平、更可持续发展具有重要和深远的意义①。

更加注重内涵式发展的深度的工业化，依靠创新驱动来提高质量和竞争力，更好满足人民日益增长的美好生活需要，通过质量变革、效率变革、动力变革提升工业竞争力和全要素生产率，增强我国产业链供应链话语权，提升附加值、质量和品牌优势②。

（二）完整的工业化

经过多年发展，我国制造业持续快速发展，建成了多元化、国际化的产业链供应链体系，有力地推动了工业化和现代化进程，显著增强了综合国力，在世界产业分工格局中占据举足轻重的地位，支撑着我国世界大国的地位。然而，从产业链角度看，我国产业体系存在很多不能忽视的问题。我国制造业在产业链上中下游布局不均衡、基础能力较薄弱；虽然加工制造能力强，但核心零部件、基础元器件、先进生产设备、关键基础材料、高端研发和市场营销等环节受制于人，产业链不完整；上下游合作不紧密，协同创新少，缺乏产业链的合作和整体布局③。如果不能从产业链的角度补齐基础领域的短板和强化薄弱环节，就很难摆脱在全球产业链分工中地位低下的困境，也难以满足构建新发展格局和现代化发展的新要求。

与其他国家相比，我国新型工业化道路更加重视产业结构的完整

①②③ 盛朝迅．实施深度工业化战略促进“双循环”的思考与建议 [J]. 中国发展观察，2020(17):3.

性，要继续巩固和强化完整产业体系与配套能力的产业生态优势，建设现代化的、有自主可控能力的、完整的产业链供应链，推进建设完整的工业化和现代化产业体系。完整的工业化不是简单地覆盖产业生产的各个环节，而是有重点、有针对性地根据各地区的禀赋资源强化产业链的薄弱环节，同时继续在已有环节进行创新和改革，不断完善已有的产业链环节，增强我国产业链的稳定性和面对内外部冲击时的自我恢复能力。随着我国工业创新能力的不断提升，产业配套能力还将进一步增强，齐全的产业门类、完善的产业配套和快速的供应链响应能力将成为我国新型工业化特有的优势。

（三）高级的工业化

党的十八大以来，我国大力发展高技术产业和先进制造业，工业和信息化加速融合，制造业智能化水平持续提升。新发展阶段，工业发展路径出现新变化，高级的工业化是新型工业化的重要内涵之一。要从依靠要素投入的规模扩张转向主要依靠创新驱动、布局优化、结构优化促进工业发展，推动制造业数字化和智能化进程，推动传统产业高端化、智能化，发展服务型制造。

与传统经济相比，数字经济是数字时代国家综合实力的重要体现，是构建现代化经济体系的重要引擎。数字经济的蓬勃发展赋予生产要素、生产力和生产关系新的内涵和活力，不仅在生产力方面推动了劳动工具数字化，而且在生产关系层面构建了以数字经济为基础的共享合作生产关系，促进了组织平台化、资源共享化和公共服务均等化，催生出共享经济等新业态、新模式，改变了传统的商品交换方式，提升了资源优化配置水平[①]。世界主要国家均高度重视发展数字经济，纷纷推出战略规划，采取各种举措打造竞争新优势，重塑数字时代的国际新格局。从这个角度看，数字经济将极大地解放和发展社会生产力，优化生产关系和生产方式，重构产业体系和经济体系，推动传统产业升级，促进产业组织结构高级化。

智能化是指利用数字技术，将分散或孤立的设备、产品、生产者、企业等以产业链、价值链等方式连接起来，形成联动发展。制造业的智能化，不仅要注重“制造”环节的智能化，更要注重研发、生产、供应、销售、服务等制造业全链条串联起来的全面智能化。随着以智能化为载体，制造业生产方式和企业形态的根本性变革，即服务型制造的快速发展，制造业可能呈现更加贴近市场生产的模式。

（四）融合的工业化

在近年来数字技术革命、产业变革和消费升级的背景下，我们越来越多地看到不同产业、行业之间可能产生的合作和关联：服务业与制造业融合；城镇化与工业化、农业现代化与工业化协调发展；乡村振兴战略中的农产品生产、加工和销售服务融合——“一、二、三产业融合”。这些产业融合背后是新业态的出现和快速发展，及其可能产生的巨大的社会效益和经济效益。作为国民经济的基础，工业发展已经渗透到人们生产生活的各个方面，在新型工业化进程中，工业化与其他业态的融合将更紧密，工业行业内部将产生新的业态，并对经济发展和社会生产生活产生不可替代的影响。

---

① 石建勋 . 加快推动数字产业化和产业数字化 [N]. 人民日报 , 2021-10-15(09).

融合的工业化即工业企业之间或与其他产业企业通过创新合作、深化业务关联、延伸产业链条、进行技术渗透等途径，形成两业耦合共生的新业态、新模式和新路径。制造业与服务业融合发展，工业化与城镇化、工业化与农村现代化协调发展是新型工业化中“融合”的重要表现。

制造业的服务化是我国制造业转型升级的重要方向。服务型制造通过创新生产组织形式、运营管理方式和商业发展模式，构建既包含制造业价值链增值环节又包含服务业价值链增值环节的融合型产业链，在为用户带来更大利益的同时，提高全要素生产率、产品附加值和综合竞争力。

新型工业化强调城镇化和产业结构转型的相互促进、共同进步，既要以新型城镇化为载体推进产业结构转型，又要以产业结构转型促进城镇化新动能培育，以城镇化高质量发展解决我国经济增长的动力转换问题①。

新型工业化也要充分利用工业化成果惠及其他产业发展。农业现代化是制约我国现代化进程的短板，无论是农业的机械化、科学化、水利化和电气化水平，还是农业的产业化、绿色化、信息化水平都亟待提升，而这些方面的进步与创新发展都需要工业企业的技术支持。工业技术应用于农业发展将成为新发展阶段我国提高农业乃至第三产业生产率的重要途径。

（五）绿色的工业化

从世界各国发展实践看，中西方的工业化进程均不同程度存在着

① 张培丽，管建洲．2020年“三农”问题研究新进展及未来研究方向[J]．经济研究参考，2021(15):5-24.

“先污染后治理”的现象。西方发达国家工业化起步早、时间长，欧美日等大部分发达国家和地区工业化过程中均呈现出倒 U 型“环境库兹涅茨曲线”特征，环境污染程度随经济发展程度先迅速增加、达到顶点后逐渐下降。反观我国工业化，可以发现，我国是在快速工业化的过程中介入“绿色发展”的。进入新发展阶段，我国更是面临着在工业现代化进程中实现工业化绿色转型的紧迫任务。

绿色的工业化是我国一贯的工业可持续发展理念在新时代的具体化表述，是新发展阶段新型工业化的重要内涵。近年来资源供给和生态环境“顶板效应”日趋显现，一些行业长期形成的粗放发展模式难以为继。面对气候变化、环境风险、能源资源约束等严峻挑战，生态文明建设被提到空前高度，“绿水青山就是金山银山”理念深入人心，实现人与自然和谐共生成为共识，经济社会发展绿色转型全面开启①。

在工业产业结构中，产业链的高端化使高附加值环节比重增大，相关产业生产效率的提高主要体现在生产环节技术水平的提升，而高技术产业、高端装备和产业链高端环节通常又属于资源消耗少、污染排放低、附加值高的行业，因此绿色转型与工业高质量发展的要求契合度较高。绿色转型既是工业高质量发展的内在要求，又是工业发展水平提升的重要推动力②。要让绿色转型深度融入工业发展过程，进一步提高资源要素使用效率，持续加大绿色技术创新的力度，增强多领域协同创新，进一步促进低碳化发展。

---

① 付保宗 . 新时代赋予新型工业化新内涵、新使命 [J]. 中国发展观察 ,2022(5):37-40.

② 吴滨 , 杨洁 . 增强工业绿色转型动力 [J]. 经营管理者 , 2022(11):23.

（六）开放的工业化

中国的发展离不开世界，世界的繁荣离不开中国。当今世界的发展极不平衡，少数西方国家已经完成了工业化进程，大多数发展中国家正处于工业化进程中，甚至有些国家尚未开始大规模工业化。我国的新型工业化要放在全球经济分工合作的大逻辑中进行考虑，要站在全球产业重构的角度思考和谋划产业布局，始终坚持开放合作、共赢发展，加强与全球产业链供应链的深度融合，努力推进比较优势不断提升、产业分工不断完善、合作共赢不断增强的新型工业化。加强与发达国家的合作与互鉴，强化战略沟通和经济技术交流，深化绿色低碳、产业互补、科技研发等领域的合作，提高全球价值链的包容性与分工效率。加强与发展中国家的合作与交流，主动向他们分享中国技术、中国经验，进一步开放中国市场，通过构建区域产业链供应链体系，增强我国在全球产业分工中的位势和竞争力。坚持“引进来”与“走出去”并重，以“一带一路”倡议和《区域全面经济伙伴关系协定》（RCEP）为实施重点，助推我国优势产业海外布局，深化产业开放合作，培育一批在全球产业链中实力强大的世界级企业，拥有足够的市场规模、强大的营销网络和主导全球市场的能力，品牌知名度高，产品附加值高，能够促进产业链效率优势和安全优势的双重叠加，推动制造业竞争力提升，让新型工业化成为中国走向世界、联结全球、推动国内国际双循环相互促进的重要助推器[①]。

---

① 盛朝迅．新发展格局下推进新型工业化的时代特征，目标要求与发展路径 [J]. 中国发展观察，2022(6):6.

三、新发展阶段我国工业化发展的新特征和新要求

当前，我国已进入新发展阶段，这是我们全面建设社会主义现代化国家、向第二个百年奋斗目标进军的阶段，也是中华民族伟大复兴进入不可逆转的历史进程、实现大跨越的阶段。这一阶段的重大战略任务是加快构建以国内大循环为主体、国内国际双循环相互促进的新发展格局，这对推进新型工业化具有非常重要的作用①。我国新型工业化的发展需要适应新的时代要求，具备新的特征，主要有以下几个方面。

（一）坚持以创新驱动发展，增强自主创新能力

过去几十年，我国的工业发展以引进国外技术设备为主，资本与技术有效结合，辅之以劳动、资源要素，使经济短期内增长较快，但依靠传统工业要素的发展难以为继，高速经济增长掩盖了我国技术水平落后、产品附加值低、自主创新能力不强的问题。自 2016 年我国经济发展进入新常态，一个重要的趋势性变化就是要素的规模驱动力减弱，经济增长更多依靠要素质量和效率的提升。制造业是技术创新的主战场，也是研发投入最集中、创新最活跃、成果最丰富的产业领域。随着全社会技术要素供给的高速增长，技术创新对制造业转型升级和高质量发展的支撑作用将不断增强。

近年来，我国在工业领域的创新发展已经取得了丰硕成果。在重

① 盛朝迅．新发展格局下推进新型工业化的时代特征，目标要求与发展路径 [J]．中国发展观察，2022(6):6.

大技术装备领域，全球首座高温气冷堆核电站并网发电，C919大型客机研制成功并取得型号合格证，全球首台百万千瓦级水轮发电机组正式投产，新一代10万立方米等级空分装置用空气压缩机组成功运行；在通用和专用装备领域，五轴联动数控机床填补国内空白，时速350千米的“复兴号”动车组批量投入运营，8万吨模锻压力机投入使用，工业机器人减速器、伺服电机、控制器等核心零部件打破国外垄断；在新一代信息技术、新材料领域，高端芯片设计、制造工艺水平加快提升，封装技术与国际主流水平同步，5G标准必要专利占比居全球首位，北斗卫星导航系统全球组网，量子通信、人工智能技术走在世界前列，轨道交通、高技术船舶等领域基础材料实现国内生产。制造业创新迈上新的大台阶，在全球进入“并跑”梯队甚至“领跑”梯队的行业和领域越来越多，中国制造加快向中国创造转变。

新型工业化要求不断加大创新力度，提升创新质量，大力发展基础创新和应用创新，解决“卡脖子”问题，提高产品附加值，增强自主创新能力，实现创新驱动发展。

（二）深入推进工业数字化、智能化转型，加速提升产业效率

当前，在第四次科技革命的推动下，一场影响深远的信息时代变革正在全球范围内兴起，以新一代信息技术为核心的人工智能、大数据、云计算、物联网、区块链等技术不断取得新的突破，数字浪潮向各产业、各领域的广泛传播和渗透融合正在深刻改变经济社会运行模式，加速提升产业效率，不断催生新模式、新业态、新产业。

在我国，以新一代信息技术为核心的产业具有良好的发展基础。在基础设施方面，我国建成了全球规模最大的光纤和移动宽带网络，拥有

最大规模的网民数量、移动电话用户数量，4G 基站数量占全球一半多，人均享有的信息基础设施水平远高于世界平均水平。在数据资源方面，我国是全球人口最多的国家，也是全球产业体系最完备、制造业规模最大的国家，是名副其实的数据资源大国。国际数据公司（IDC）和数据存储公司希捷开展的一项研究发现，中国每年以超过全球平均值 3% 的速度产生并复制数据，2018 年中国约产生 7.6ZB（1ZB ≈ 1 万亿 GB）的数据，到 2025 年将增至 48.6ZB，届时全球近 30% 的新增数据将来自中国。从这些方面来看，“数字中国”已具备发展的基础条件。

数字化是智能化的技术基础，没有数字化带来的数据化，就不会有智能化。智能化是基于数字化形成的海量数据，结合计算机的算力，为客户或企业管理提供基于机器学习的算法推荐的最优下一步行动选择。工业智能化不仅仅是人工智能技术的运用，更是工业企业立足于自身发展的核心。它基于顶层设计和系统规划，通过工业互联网这一先进平台，按“生产要素智能化—生产能力智能化—生产系统智能化”的发展方向，持续提升工业企业在研发、转化、生产、物流、管理、服务等一系列环节的智能化生产能力，最后形成一整套的智能化体系[①]。

工业智能化水平可以反映中国现阶段工业化和智能化两相融合的程度和发展情况。深入推进工业数字化、智能化发展是新型工业化的重要内容之一，新型工业化要求推动互联网、大数据、人工智能技术和实体经济的融合发展，进一步提高生产效率的同时，促进重工业，特别是钢铁、煤炭、石化等产业的数字化、智能化发展，同时进一步提升其他产业如轻工、医药、金属制品及精密仪器等行业的应用水平。

---

① 邵慰，吴婷莉．智能化、要素市场与工业经济高质量发展 [J]. 经济问题探索，2022(2):16.

（三）制造业与服务业融合发展，工业化和城镇化、农业现代化协同发展

在数字技术和信息技术蓬勃发展的背景下，不同类型产业的相互融合渗透更是成为时代的特色印记，在工业领域最显著的特征是服务业与制造业的融合，工业化与城镇化、农业现代化的协同发展。

近年来，随着我国工业化生产水平和服务业发展水平的提升，服务型制造成为企业和客户供需双方的共同追求，越来越多的部门和企业自发地推进服务型制造的发展。2016 年，工业和信息化部等三部门联合发布了《发展服务型制造专项行动指南》。2020 年，十五部门联合发布了《关于进一步促进服务型制造发展的指导意见》。各地也纷纷出台相关的政策指导和实施意见，提出主要围绕先进制造业集群重点行业，以及“衣、食、住、行、康”等重点民生领域的生产环节，通过发展服务型制造，不断推动制造业企业延伸拓展服务环节，提升制造业附加值和竞争力，不断满足人民群众对美好生活的需要，提高人民群众的生活品质。

制造业和现代服务业的深度融合包含多种新业态、新模式，比如智能化生产、柔性化定制、系统集成总承包、全生命周期管理、品牌规则控制、众包等，需要大力发展生产性服务，包括研发设计、高端咨询、检验检测、融资租赁、品牌服务、供应链管理等。服务型制造是制造业与服务业融合发展的新型制造模式和产业形态，是先进制造业和现代服务业深度融合的重要方向，是新型工业化的重要内容。

此外，推动新型工业化、信息化、城镇化、农业现代化同步发展，要求新型工业化协调与城镇化、农业现代化的关系。

工业化是加快社会经济发展的推动力，工业经济的发展将有效推进

城镇化；而城镇是工业经济的有效载体和平台，工业化以城镇化为基础和支撑。新型城镇化以新型工业化为动力，以统筹兼顾为原则，推动城市现代化、城市集群化、城市生态化、农村城镇化，重在全面提升城镇化质量和水平①。先行工业国家现代化的发展经验表明，在工业化深入发展的进程中注重同步推进农业现代化，才能促使整个国民经济持续健康发展②。当前，以工业化为载体的新技术、新装备越来越多地用于农业，工农业关系更加紧密，工业化对农业现代化的支持力度越来越大。

推动新型工业化、信息化、城镇化、农业现代化同步发展，需要把产业结构优化升级与推进城镇化发展协调起来，形成以产兴城、以城促产、产城融合、城乡协调的城镇化与工业化良性互动模式，实现产业要素成长和区域空间配置的科学协调。加大工业化和农业现代化融合发展等方面的投资力度，切实提升现代农业发展水平，并利用现代农业发展带来的广阔市场前景，提升制造业创新发展能力。

（四）推进工业绿色化转型，走可持续发展道路

随着制造业发展与资源环境制约的矛盾日益突出，为实现资源能源的高效利用和生态环境保护，主要发达国家纷纷提出绿色化转型战略和理念，“绿色制造”等清洁生产日益普及，节能环保、新能源、再制造等产业快速发展，并成为发达国家重塑制造业竞争力的重要手段。在劳动力成本比较优势下降、更加严格的环境管制和新一轮工业革命涌动的形势下，新型工业化要求突破传统的工业化方式，沿着新一轮工业革命

① 段宏利 . 新发展理念视阈下内蒙古新型城镇化研究 [D]. 内蒙古大学 .

② 推进工业化与农业现代化协调发展 [EB/OL].（2014-04-20）[2022-01-10].http://www.agri.cn/V20/SC/jjps/201404/t20140409_3844849.htm.

的方向，走低碳工业化道路，建立智能、绿色、低碳工业制造体系[①]。

2020年，我国提出碳达峰碳中和目标，这是我国基于推动构建人类命运共同体的责任担当和实现可持续发展的内在要求作出的重大战略决策。坚定绿色发展理念不动摇是前提，技术创新是提高绿色生产力的关键，在工业领域，要紧紧抓住新工业革命的有利时机，加快推广绿色技术装备，大力发展绿色制造产业，发展壮大节能环保服务业。工业部门是对资源进行转化的生产部门，开展资源的循环利用可以大大降低工业生产过程中产生的“三废”，变废为宝。发展循环经济是推动工业绿色发展的有效途径。在企业层面，要从提高环境标准入手，促进企业改进生产工艺，优化生产流程，采用节能环保技术，淘汰落后技术与设备，降低排放总量。与此同时，要加大对节能环保的投入，增强节能环保产品和服务的供给能力。

产业结构与产业链分工中的地位对生态环境有着重要影响。优化产业结构和促进产业转型升级是实现绿色发展的重要途径，但产业结构优化不是简单的“去工业化”，而是通过技术创新，提升生产效率，大力发展高附加值产业。

（五）发展开放的工业化，彰显大国风范

改革开放以来，我国制造业坚持“引进来”和“走出去”并重，在不断开放与创新中，逐步融入国际产业分工体系，为全球产业分工的深化作出了突出贡献，在世界产业分工格局中占据举足轻重的地位。

近年来，伴随着外部环境复杂性明显上升，国际产业分工格局加快

---

① 史丹．绿色发展与全球工业化的新阶段：中国的进展与比较 [J]. 中国工业经济，2018(10):14.

重构，全球产业竞争版图深刻调整，新冠疫情、乌克兰危机、极端天气和自然灾害等“黑天鹅”事件频发，对国民经济健康发展构成现实冲击和潜在威胁[①]。当前我国产业链供应链安全形势也面临着日趋复杂严峻的现状：发达国家对我国正面压制阻截增多，新兴经济体追赶挤占效应渐显，极端事件、突发冲击频现。新发展格局下我国产业链供应链堵点和断点日益凸显，国际国内循环流通渠道不畅是其中的突出表现。

良好的发展需要稳定、开放的环境基础，新型工业化要求我们秉持开放包容的态度，积极发展睦邻友好的大国外交。从优化制造业要素供给和配置的角度出发，新型工业化要求扩大开放、加强创新，在中国制造业具备相对完备的产业链条、适应全球标准的品质保障体系的基础上面向未来，加快制造业开放的步伐，继续深化开放，在扩大开放中找准价值链新坐标。无论过去、现在还是未来，互利共赢、开放合作都是中国制造业发展过程中需要坚持的根本原则。中国制造业的发展已经到了必须进行全球布局的阶段，相关政策国际影响力不断扩大。优化制造业要素配置形成更优配置体系，获取制造业高端、优质和稀缺要素，实现制造业高质量发展，都需要在开放的背景下进行。

---

① 付保宗. 增强产业链供应链自主可控能力亟待破解的堵点和断点 [J]. 经济纵横, 2022(3): 39-46.

第三章

发达国家再工业化最新动向及启示

在新一轮科技革命和产业变革持续推进下，新冠疫情加深了世界格局的复杂性和多变性，许多发达国家纷纷出台一系列政策措施抢抓制造业发展机遇，加速推动本国再工业化进程。在美国，政界和企业界分别从顶层政策设计和龙头企业联合出发，共同发力先进制造业，力图维护美国自二战以来的世界霸主地位。德国抢抓“工业 4.0”机遇，以数字化、智能化和绿色化战略重振工业“雄风”。在东亚，日本和韩国从更微观的角度制定更适应本国国情的政策和战略，发展新产业、开拓新领域。我国应充分重视外部环境和内部环境变化，学习借鉴发达国家再工业化的最新经验，更好部署新型工业化战略。

一、美国：发展先进制造业，保持世界领先地位

自 2008 年金融危机以来，美国就意识到以制造业为核心的实体经济的重要性。奥巴马一上台就出台了一系列推动制造业生产回流美国本土和促进先进制造业发展的规划，自上而下推动美国“再工业化”。

(一)战略引领企业实现"美国工人在美国制造"

2022年10月,美国出台《先进制造业国家战略》[①](见表3-1),在2018年出台的《先进制造业影响战略》[②]的基础上进一步强调制造业对美国经济实力和国家安全的推动作用,提出了总体目标和具体目标及其实施路径,以保持美国在先进制造业方面的全球领先地位。对比两版"战略",2022年版明确指出,发展生物经济以支持先进制造业。生物经济是由生命科学和生物技术创新驱动的经济活动,反映了工程、计算及信息科学的技术进步。2020年以来的新冠疫情让美国更加重视公共卫生,加大力度保障生物安全、生物安保和数据隐私。生物经济关系到健康、气候变化、能源等多个方面,生物经济的强有力发展将有助于维护美国的国家安全与全球的领导地位和竞争力。在劳动力方面,美国政府强调将新劳动力带入制造业劳动力市场的紧迫性。自动化、人工智能和机器人等新技术在制造业中越来越多的应用对工人技能提出了新要求,包括增加先进制造业劳动力、提高社会对先进制造业职业的认知和参与度等;同时美国政府明确将科学、技术、工程和数学(STEM)纳入基础教育,重视专业技能的培养和实践。美国政府团结协调社会各个方面,共同促进制造业劳动力及其市场的扩大。

---

① 资料来源于美国国家科学技术委员会,2022-10-07,见 https://www.whitehouse.gov/ostp/nstc/reports/。

② 资料来源于美国国家科学技术委员会,2018-10-05,见 https://trumpwhitehouse.archives.gov/ostp/documents-and-reports/。

表 3-1 美国《先进制造业国家战略》总体目标、具体目标与实施路径

总体目标	具体目标	实施路径
开发和转化新制造技术	抓住智能制造系统的未来	智能和数字制造、先进工业机器人、人工智能基础设施、制造业网络安全
	开发世界领先的材料和加工技术	高性能材料、增材制造、关键材料
	确保通过国内制造获得医疗产品	低成本、分散式的医药制造、连续制造、组织和器官的生物制造
	保持电子设计和制造领域的领导地位	半导体设计工具和制造、新材料、器件和结构
	增加粮食和农业制造业的机会	食品安全中的加工测试和可追溯性、粮食安全生产和供应链、改善生物基产品的成本和功能
教育、培训和集聚制造业劳动力	吸引和发展未来制造业劳动力	以制造业为重点的STEM教育、制造工程教育、工业界和学术界的伙伴关系
	更新和扩大职业及技术教育途径	职业和技术教育、培养熟练的技术人员
	促进学徒获得行业认可	制造业学徒计划、学徒和资格认证计划登记制度
	匹配熟练工人与行业	劳动力多样性、劳动力评估
提升国内制造业供应链能力	加强中小型制造商在先进制造业中的作用	供应链增长、网络安全拓展和教育、公私合作伙伴关系
	鼓励制造业创新的生态系统	制造业创新生态系统、新业务的形成与发展、研发转化
	强化国防制造业基础	军民两用、购买“美国制造”、利用现有机构
	加强农村社区的先进制造业	促进农村繁荣的先进制造业、资本准入、投资和商业援助

资料来源：美国《先进制造业国家战略》。

此外，新版“战略”细化了新冠疫情和全球经济大变局背景下供应链的调整方向，要求提高供应链弹性以增强抗击突发危机的能力。此前白宫就已经发布行政命令，指示各政府机构采取具体行动提高供应链弹性[①]。提高供应链弹性需要更高效的管理和更先进的数字技术，因此

① The Biden-Harris Plan to Revitalize American Manufacturing and Secure Critical Supply Chains in 2022（EB/OL）.（2022-02-24）. [2022-02-24].https://www.whitehouse.gov/briefing-room/statements-releases/2022/02/24/the-biden-harris-plan-to-revitalize-american-manufacturing-and-secure-critical-supply-chains-in-2022/.

数字基础设施建设显得尤为重要。数字技术的应用有利于解决供应链中的漏洞问题，从而支持企业和政府等利益相关者的行为，保持供应链的完整性。中小型企业获得资金和技术等方面的支持也有利于提升制造业供应链弹性。美国中小型制造业公司约占总数的98%，提供的服务和产品占全美制造业的一半，保障中小型制造商在供应方面的畅通，将会更有助于大厂商的生产制造。因此，要推动大中小型不同制造商跨越技术、劳动力和经济条件开展全方位的合作，努力推动颠覆式创新发展，为开辟新市场、推动发展注入新动力。

未来美国制造业将加速向绿色化、智能化、数字化方向转型，重视先进制造业与教育体系接轨、用人单位与教育组织接轨，为先进制造业培养大量后备人才。疫情冲击暴露了美国供应链方面的断链风险，尤其是半导体等具有重要战略地位产业的供应能力不足问题，因此美国政府逐步强化供应链抗风险能力，实现“美国工人在美国制造”的目标。

（二）多领域共同发力确保美国全球领先地位

自特朗普执政以来，中美关系持续紧张，美国采取各种手段限制中国及中国企业发展，新总统拜登入主白宫后尽管对特朗普政府的政策进行调整，但对华策略的针对性和敌视仍然不变，保护主义倾向明显。2020年12月，美国国会颁布了《芯片法案》，以推动美国半导体研究和创新。2021年5月，美国参议院推出了长达1445页的《2021年美国创新与竞争法案》，矛头直指中国。该法案主要包括六大内容：“芯片和开放式无线电接入网（O-RAN）5G紧急拨款”“无尽前沿法案”“2021战略竞争法案”“有关国家安全与政府事务委员会的规定”“2021应对中国挑战法案”与“其他事务”。2022年2月，美国众议院通过了

《2022年美国竞争法案》，内容涵盖半导体、研发与创新活动、供应链、外交、国家安全等诸多方面，旨在提高美国的科技竞争力，包括：第一，激励美国芯片生产，为《芯片法案》提供520亿美元补贴，以激励私人部门投资，保持美国在半导体领域的领先地位，并解决半导体供应链中断问题，确保美国本土能够生产更多半导体；第二，加强供应链和美国制造，授权450亿美元用以提升供应链水平，通过阻止关键品短缺和确保关键品主要由美国制造来增强经济和国家安全；第三，推动美国科学研究、技术和创新，在创新和科研的各个方面进行新解决方案驱动的重大投资以带来突破性发现；第四，通过经济发展维持美国的全球竞争力和领导力。近年来，美国政府连续出台了一系列相关法案政策，限制先进技术转让，推动美国本土制造业发展，如大力支持半导体等战略产业本土发展、持续升级对华半导体产业的遏制政策等。不难发现，美国对中国的敌对情绪日益高涨，打压措施逐步升级。然而，这些措施都片面强调加强本土制造业，忽视经济发展和国际分工的客观规律。

（三）领军企业联盟助力实现未来“工业4.0”

美国拥有诸多在世界范围内处于领先地位的制造业企业，面对诸多竞争者的追赶，这些企业会采取行动以维护自身地位，从而自下而上地促使先进制造业在美国本土发展。2014年，“工业互联网联盟”正式成立。这一组织由美国通用电气公司发起，英特尔、美国电话电报公司、思科、美国国际商用机器公司（IBM）等联合组建，旨在通过创建新的行业应用案例和实际应用测试平台来谋求发展，定义和开发互通性的参考架构和标准，打破技术壁垒，促进物理世界和数字世界融合，进而影响全球互联网和工业系统标准的发展。美国工业互联网联盟于2021年

8月正式更名为产业物联网联盟，加强对制造业、能源、医疗等领域内先进技术的应用，涵盖多领域资源与数据。2020年，Verizon Business与IBM宣布在5G和边缘计算创新方面展开合作，旨在帮助企业优化管理和生产，保障工人安全。随着企业逐步恢复正常生产经营，借助新技术来降低成本、减少浪费和提高效率成为工业领域的新浪潮[①]。自动技术和智能技术正在赋能相关产业数字化转型，企业间的强强合作将有助于实现未来“工业4.0”。

总之，美国政府与企业共同合作，全方位争夺并保持全球领先地位。在新工业革命和产业变革背景下，美国政府更加重视制造业发展，尤其是抓住先进制造业的发展机遇，在资金方面加大对关键领域的研发投资支持力度，在政策方面强化技术规范和网络安全，在教育方面重视后备人才培养与先进制造业接轨和国际人才引进，在国际事务中依靠其影响力推动国际规则朝利于自身发展的方向转变。在企业界，龙头企业积极寻找合作伙伴，强强联合，通过优势互补应对环境变化和竞争者追赶。这种从政府到企业的相互配合使美国全球领先地位得到更好的巩固。

小专栏——美国在半导体产业的领导地位及产业政策

新冠疫情期间，半导体技术支撑着远程办公学习、在线消费、线上交流等行为，使美国社会生活在巨大冲击下依然能够正常运转。尽管面临着日韩等国企业的追赶与竞争，美国半导体产业依然具有无可争议的领导者地位，本土产能、本土市场规模和全球市场份额的优势地位难以撼动。2021年，美国半导体企业在本土的晶圆产能比例达43.30%，大幅领先布局于其他地区的晶圆产能（见图3-1）。在市场

① IBM与Verizon Business将为企业边缘合作开发5G和人工智能解决方案[EB/OL].（2020-09-21）[2020-9-21]. https://china.newsroom.ibm.com/press-releases?item=122479.

份额方面，美国企业占据了中国大陆和欧洲一半的市场，在其他国家或地区的市场份额也超过或接近40%（见图3-2）。在市场规模方面，2021年，总部位于美国的半导体公司销售额达2575亿美元，占据全球市场的46%，尽管与疫情前的2019年相比略有下降，但其领先地位不可撼动。韩国稳步上升，占据全球市场的21%；日本占有率为9%；中国台湾和中国大陆地区分别占8%和7%（见表3-2）。

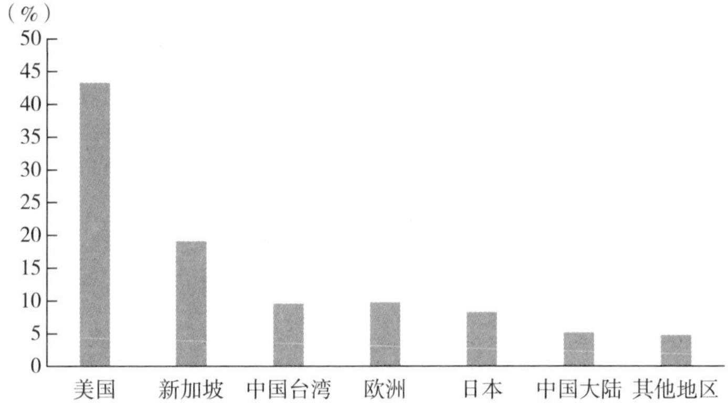

图3-1　美国半导体企业晶圆产能的地区分布（2021年）

资料来源：美国半导体行业协会。

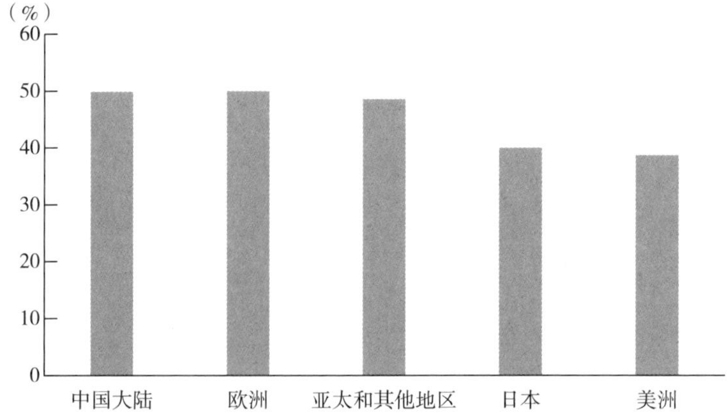

图3-2　美国半导体企业在各个国家或地区的市场份额（2021年）

资料来源：美国半导体行业协会。

表 3-2 全球半导体市场规模（2019—2021 年）

国家或地区	2021 年	2020 年	2019 年
美国	46%	47%	47%
韩国	21%	20%	19%
日本	9%	10%	10%
欧洲	9%	10%	10%
中国台湾	8%	7%	6%
中国大陆	7%	5%	5%

资料来源：美国半导体行业协会、世界半导体贸易组织。

针对新冠疫情冲击下全球芯片需求猛增而供应能力不足的问题，美国格外重视半导体产业发展及供应链强化，从研发投资、税收补贴、增强技术劳动力、促进自由贸易和知识产权保护以及与志同道合的经济体开展紧密合作等方面给予支持，保持美国在该行业的领先地位。2022 年 8 月，美国总统拜登正式签署《2022 年芯片与科学法案》，引起了广泛关注①。该法案为美国本土半导体芯片产业提供了约 520 亿美元的巨额补贴，要求接受补贴的公司都必须在美国本土制造芯片，禁止资金获得者扩大在中国和相关国家的芯片制造产能。在美国政府一系列措施下，全球半导体行业的发展前景充满不确定性，政治因素可能会弱化市场化竞争模式。美国的各项举措也使东亚半导体产业布局面临更大的多变性。

① The CHIPS and Science Act of 2022[A/OL].（2022-08-09）[2023-01-01].https://www.whitehouse.gov/briefing-room/speeches-remarks/2022/08/09/remarks-by-president-biden-at-signing-of-h-r-4346-the-chips-and-science-act-of-2022/.

二、德国：以数字化、智能化、绿色化战略重振老牌工业强国

德国作为老牌发达国家之一，其工业水平一直处于世界领先地位。德国经济在新冠疫情和欧洲紧张局势的双重冲击下面临困境。目前，德国 GDP 总量排名全球第四，仅次于美国、中国和日本。从经济增速来看，2022 年德国实际 GDP 增长 1.9%，正逐步从新冠疫情冲击中恢复，但还未达到疫情前水平，工业增加值较疫情前降低超 6%。在过去传统制造业中，德国制造是一大亮点，然而近年来随着中国等新兴经济体的发展，德国优势在变小，在许多前沿技术方面逐渐落后于国际巨头，关键领域对美国的依赖度日渐提高。

2013 年，德国关注到“互联网 + 制造”趋势，率先提出“工业 4.0”概念，抢占新一轮工业革命发展先机，提升德国工业竞争力。此概念一经提出就在全球范围内引发一轮工业转型竞赛，为后续德国制造业发展战略指明了方向。“工业 4.0”重点聚焦在三个方面：通过价值网络实现横向集成；贯穿价值链每一端点的数字集成；垂直集成和网络化制造系统。2016 年，德国首次就数字化发展作出系统安排，发布德国“数字化战略 2025”，总投资额近 1000 亿欧元以加速国内数字化建设。2018 年，德国联邦政府通过了《联邦政府人工智能战略》，旨在将德国人工智能的研究、开发和应用推向世界领先水平，以负责任的方式促进人工智能的使用，造福社会并释放新的增值潜力。2019 年，德国发布了《国家工业战略 2030》，涵盖了维护和发展德国工业的未来繁荣和就业的综合概念，通过有针对性地扶持重点工业领

域、提高工业产值，保证和提高德国工业在欧洲以及全球范围的竞争力，明确指出德国基于领先地位的九大关键工业领域，包括钢铁铜铝工业、化工工业、机械与装备制造业、汽车及零部件制造、光学与医学仪器制造、绿色环保科技部门、国防工业、航空航天工业以及增材制造。

（一）大力推动工业智能化、数字化进程，关注中小型制造业企业发展

智能制造被认为是新工业革命的主导力量，通过充分利用信息通信技术和网络空间虚拟系统—实体物理系统相结合的手段使制造业向智能化转型，包括智能工厂、智能生产和智能物流。智能工厂能够管理复杂的事物，不易受外界干扰，渗透到公司间的价值网络中，促使数字与现实结合。智能生产更具自主性，产品更具可识别性，整个生产过程更具效率。其与智能物流和智能系统网络相对接，使智能工厂成为智能基础设施的一个关键组成部分并改造传统价值链，创造新的商业模式。

为配合“工业 4.0”战略实施，德国政府推出“工业 4.0”平台以加快推进“工业 4.0”标准化和实践应用，深入制造业各个环节。这一平台是德国推动工业数字化转型的中心网络，协调各界信息合作对接，促进落实“工业 4.0”。它还通过加强国际合作来实现“工业 4.0”。2016 年“工业 4.0”平台与工业互联网联盟展开合作，前者纵向深入工业领域，后者横向开拓多领域融合，两者合力进一步打破技术壁垒，共同影响世界数字工业和数字经济。在“数字化战略 2025”中，德国具体规划了数字化未来发展的十个步骤，包括建设光纤网络、

支持新创企业、优化数字领域投资环境、明晰政策框架、推动智能网络建设、维护数据安全、推动中小企业和手工企业业务转型、强化“工业4.0”发展、促进高精尖技术研发创新以及普及数字化知识培训等，指出要加大对宽带互联网等数字化基础设施的投资力度，为工业建立可靠、全面、安全的通信网络。2021年，德国联邦教育与研究部启动了关于6G技术的研究项目，计划在2025年前为该项目提供约7亿欧元的资金支持[①]。

德国《国家工业战略2030》明确提出，将有针对性地扶持重点工业领域，提高工业产值，保证德国工业在欧洲乃至全球的竞争力，为相关企业提供廉价能源和更有竞争力的税收制度，放宽垄断法，允许形成“全国冠军”甚至“欧洲冠军”企业，采取个性化的优惠与扶持政策支持中小企业数字化转型发展。新冠疫情期间全球供应链断裂对德国以中小企业为主的机械制造业形成了巨大打击，但是大量中小企业也在一定程度上实现了风险分散，具有较高的抗风险能力。因此，机械制造业将在未来德国经济恢复过程中发挥重要作用。

（二）推进能源改革转型，重视新能源产业，储能设备行业将快速发展

近年来气候变化异常，加之欧洲局势持续紧张，德国陷入能源危机，未来欧洲国家出于国家能源安全和保障经济竞争力的考虑将加大力度推动能源转型。新一届德国政府也陆续出台各项法律法规和措施，实施更坚定的能源转型政策。在能源转型框架下，到2035年德国

① 资料来源于中国信息通信研究院的《主要国家和地区推动制造业数字化转型的政策研究报告（2022年）》。

55%~60% 的电力将来自可再生能源，到 2050 年可再生能源的发电量占比将达到 80%。2016 年 5 月，德国对太阳能和风能的利用达到历史峰值，可再生能源满足了 87.6% 的能源需求，创下历史纪录，标志着新能源转型改革取得重大进步。

随着新能源转型改革的推进，可再生能源并网利用的需求逐渐增大。可再生能源一般对天气依赖性较强，大力发展清洁能源，大容量的储能设备必不可少。大规模的储能设备可能受投资运营成本的局限，短期内还无法大规模推广，但是无数小型家用光伏系统、储能设备、电动汽车电池可能是未来几年内德国制造业的重要发展方向。国际可再生能源协会（IRENA）预计，到 2030 年，安装电池的价格将下降 50%~66%。德国政府也宣布将所有屋顶上的太阳能电池板数量增加 3 倍。2018 年 7 月，宁德时代宣布将在德国东部的图林根州建造一座大型动力电池厂，向德国大众、德国戴姆勒和法国标致雪铁龙集团等欧洲企业供货。这些都预示着德国储能设备行业可能迎来快速发展。

（三）新冠疫情冲击下政府干预力度加大，重视提振传统制造业

近年来，德国的宏观经济和产业经济表现欠佳，汽车等传统优势行业处于转型发展关键期，同时受疫情和欧洲局势变化影响，经济面临较大风险。德国前几年推出的“工业 4.0”“人工智能战略”“高科技战略”等主要关注智能化、数字化等新兴产业，其新技术部门具有较大的不确定性，相关产业政策短期内对经济的提振效果不明显。2019 年，德国政府推出的《国家工业战略 2030》与之前相比有明显的政策转向，回

归传统工业的趋势明显。《国家工业战略 2030》分析了中国工业的成功经验，指出在相关国家政策框架引领下，中国将市场经济原则与国家政策指引相结合，做强国有企业，取得了明显的成功。因而，《国家工业战略 2030》提出建立“国家参与机制”，加大对经济的干预力度。例如，当本国公司面临外资收购时，允许政府提高出资来购买股份。对于极端重要的战略性产业，甚至允许政府给予补贴，以此阻止其被外资收购，防范国家安全和利益遭遇外部风险。

（四）龙头企业合并重组，逆全球化趋势增强

在前几次工业化浪潮中，德国涌现出了西门子、巴斯夫、奔驰等一大批享誉世界的工业巨头，但在近几十年中，德国并没有巨头公司出现。尤其是在新一轮数字化和互联网产业方面，德国发展相对滞后。目前全球前 20 大互联网公司中，美国有 11 家，中国有 9 家，德国乃至欧洲几无互联网巨头。2020 年 2 月，欧委会否决了德国西门子和法国阿尔斯通列车业务的合并计划，引起了德国社会的较大反响。在未来的几年中，德国政府可能会致力于修改《欧盟竞争法》，为企业合并松绑，在欧盟层面制定统一的产业战略，助力打造新技术革命下新的龙头企业。

德国是贸易大国，一直以来都是自由贸易的支持者，对美国奉行的“美国优先”政策和贸易保护主义做法经常予以抨击。但近年面对强大的外部竞争压力，德国也在《国家工业战略 2030》中提出了“保持闭环工业增值链”等战略，提出要将从基本材料的生产、制造、加工，到分配、服务、研发都限制在同一地区。保持封闭产业链的原因，一是担心外部因素进入后信息、技术外流，出现安全隐患；二是担心德国经济

增长受地缘政治等因素影响过多。此次新冠疫情导致全球停摆，跨国公司的全球供应链在社交隔离等举措下断裂，跨国公司在产业布局时对于风险防控的意识明显增强，在多重因素影响下，制造业回流和逆全球化的趋势可能进一步强化。

小专栏——德国汽车产业的电动化、智能化转型

2021 年，德国汽车制造商在中国售出了约 430 万辆汽车，每 5 辆车中就有 1 辆汽车品牌来自德国[①]，可见其强大的产业实力。对于德国而言，汽车制造业亦是其支柱产业之一。2019 年，汽车行业在德国吸纳了约 83.3 万劳动力，仅次于机械工业（108.9 万）。

德国拥有宝马、大众、梅赛德斯—奔驰三大高端汽车制造商，还有博世、大陆等汽车零部件厂商，汽车产业是德国国民经济的支柱，其技术水平也世界领先。德国汽车出口数量庞大，近 30 年来基本呈现稳定增长态势，2016—2017 年，德国每年乘用车出口近 450 万辆。但是自 2017 年以来，德国乘用车出口数量明显下降，2019 年为 348.73 万辆，比 2016 年的最高点减少了约 100 万辆。

在传统汽车制造领域，特别是高档车制造领域，德国汽车工业具有不可动摇的地位，但是在近年来快速发展的新能源汽车和智能驾驶领域，德国的表现与中国相比却不突出。在新能源汽车领域，自 2014 年以来，中国占全球电动汽车市场的份额井喷式增长，2014 年占比为 21.16%，超越日本成为全球第三大电动汽车市场，2015 年以 51.49% 的市场份额跃居全球首位。根据 EV Sales 数据，2021 年全球新能源汽车销量达 675 万辆，渗透率达

① 资料来源：德国汽车工业联合会。

到8.3%。这一年，中国新能源汽车全年产销量分别达到354.5万辆和352.1万辆，同比增速分别为145.6%和157.5%，占据全球新能源汽车市场份额的50%。在2021年全球新能源汽车车型TOP20的名单里，特斯拉有两个车型，雷诺、起亚、日产、丰田、现代各有一个车型，德国大众集团两款车型排名前十，其余均为中国车型（见表3-3）。在自动驾驶方面，美国和中国均出现不少独角兽新势力公司，部分公司已经拿到无人驾驶的经营许可证，正在进行规模化的商用实践。根据美国加利福尼亚州车辆管理局发布的《2021年自动驾驶接管报告》，中美两国自动驾驶公司名列前茅，而德国老牌名企不见踪影。

表3-3　　2021年全球新能源汽车TOP20

排名	车型	销量（辆）	排名	车型	销量（辆）
1	特斯拉Model 3	500713	11	雷诺 Zoe	73867
2	五菱宏光 MINIEV	424138	12	广汽 Aion S	71192
3	特斯拉 Model Y	410517	13	奇瑞 eQ	68821
4	大众ID.4	121631	14	起亚 Niro EV	64594
5	比亚迪秦 Plus PHEV	111553	15	日产聆风	64201
6	理想One EREV	90491	16	长城欧拉黑猫	63538
7	比亚迪汉 EV	86901	17	丰田 RAV4 PHEV	61544
8	比亚迪宋 Pro/Plus PHEV	78973	18	现代 Kona EV	60700
9	长安奔奔EV（Benni EV）	76454	19	小鹏 P7	60607
10	大众ID.3	76278	20	上汽荣威 Clever EV	56116

资料来源：Clean Technica。

随着“工业4.0”、数字化和智能化战略的推进，汽车产业当前正处于电动化和智能化的转型阶段。从近年来德国汽车产业的发展态势来看，其传统汽车行业的增长趋势正在放缓，而新能源汽车的开发相对落后。近年来，德国政府的一系列产业政策均表明未来交通转型的核心就是发展纯电池电动汽车。围绕电动汽车，德国政府在税收、基础设施建设、购买补贴政策、制造与回收再利用、创新出行模式等方面给予政策扶持，同时兼顾航空、海运的低碳转型，并加强国际合作尤其是与欧盟的合作，共同推进德国交通转型。例如，德国汽车工业协会在2019年4月召集主要汽车制造商以及零部件供应商的高层举行技术大会。会长伯恩哈德·马特斯表示，未来3年，德国汽车业将投资近600亿欧元于电动汽车和自动驾驶领域，以确保德国汽车工业未来的竞争力。这些举措也符合德国气候保护方面的计划，德国政府在“气候保护计划2050”中制定的中期目标是到2030年交通部门的温室气体排放降低40%~42%。德国政府已经有许多相应的行动，例如，默克尔政府于2019年11月初宣布，将投入35亿欧元扩建电动汽车公共充电桩，争取2030年建成100万个充电桩。德国政府也将为购买电动汽车和混合动力汽车的消费者提供高达6000欧元/台的补贴。

虽然在自动驾驶技术的研发上德国略微落后，但凭借强大的制造能力，在汽车产业的新一代发展中，德国很可能依然担任领导者的角色。尤其在自动驾驶技术应用推广和商业化阶段，在技术标准的制定审核、相关法律法规的制定、数据安全的把控、互联互通等方面，德国均占据难以撼动的地位。大众、宝马、戴姆勒及零部件供应商博世和大陆集团正在评估建立自动驾驶技术联盟的可行性，加快自动驾驶产业链的布局。

三、日本：抢抓数字化、绿色化机遇，调整供应链，打造“社会 5.0”

日本政府一直跟踪、关注新一轮科技革命和产业变革的发展趋势，希望通过大数据、云计算、区块链、人工智能等新一代信息技术的发展来促进社会数字化转型，提高劳动生产率，重塑本国产业竞争优势，对标美国“工业互联网”、德国“工业 4.0”。日本立足发挥本国既有优势，解决人口老龄化等社会经济问题，在《第五期科学技术基本计划（2016—2020）》中提出建设“超智慧社会”的构想，并以此为核心制定了新一轮成长战略——《未来投资战略 2017：为实现“社会 5.0”的改革》。之后，日本又提出了“互联工业”（Connected Industries）的概念，为“超智慧社会”构建提供支撑。在 2022 年最新发布的《制造业白皮书》中，日本提出了基于技术进步的制造业发展计划。首先，通过改革研发税收制度、支持制造基础技术和战略领域的发展、利用国家关键技术加强五项基础制造业、利用大学能力促进研发、开放创新基地以及培养科技创新人才等方式促进技术的研究开发；其次，通过支持工业活动、完善知识产权的获取和利用、促进战略标准化等方式进行工业推广；最后，为中小企业发展改善交易条件、促进中小企业管理创新，提供技术培训和咨询以加强其基础技术方面能力。

（一）以“互联工业”为主要抓手推动数字化转型，实现“社会 5.0”

2016 年，在《第五期科学技术基本计划（2016—2020）》中，日本提出了“社会 5.0”概念，其计划之一是以制造业为核心，应用信息通信技术，通过网络空间与物理空间的高度融合带来世界领先的“超智慧社会”，使产品和服务能够满足个性化需求和潜在需求，从而为工业和社会带来新价值。2017 年，日本政府提出“互联工业”概念，作为实现“社会 5.0”的主要抓手。“互联工业”涵盖自动驾驶、机器人、生物材料、工厂基础设施和智慧生活五大领域。2018—2021 年，日本政府连续四年在《制造业白皮书》中提及继续深入推进“互联工业”，不断强调推进数字技术以适应内外部环境变化，提高日本制造业企业的动态适应能力。

新冠疫情暴发为日本加快制造业数字化转型提供了机遇。在制度层面，日本经济产业省采取了一系列措施以加强数据要素的管理和安全，为数字化转型营造良好发展环境。在架构层面，通过借鉴美国等国相关架构与标准，结合日本实际情况，推出《物联网安全架构》，确保“互联工业”实施中网络与现实安全，保障重点产业安全。在企业层面，树立典型企业示例，引导企业数字化转型，加速“互联工业”推广。2022 年《制造业白皮书》分析了富士通、住友集团等日本知名企业的数字化行动，引导其他企业对照发展。在供给方面，持续强化关键要素保障水平，重点支持 5G、人工智能、物联网等技术的基础研究和应用。值得注意的是，最新版《制造业白皮书》指出了半导体产业发展的重要性并制定了四项计划以支持日本半导体发展：第一，保障国内制造基础，稳定半导体供应以支持数字社会，修订《新能源与产业技术开发组织法》；第二，开发下一代半导体技术；第三，开展国际合作，开发先进技术；第四，创造实现可持续发展的商业环境。同时，重视人才数字技能培养，与美国类似，日本也致力于提升社会对工业技能的认知度和认可度。而其不同之处在于，日本用人单位重视员工的技能水平提升，从企业出发加强对员工的培育。

（二）加快产业链供应链调整，分散布局产业链，强化供应链韧性

在中美战略竞争升级和新冠疫情加速全球供应链重塑的背景下，日本加快自身产业链供应链重组步伐，努力提升供应链韧性，推动核心产业回归本土，同时寻求国际合作，加快向东南亚布局产业以实现多元分散供应。日本投资 2200 亿日元和 108 亿日元储备费以稳定供应链，投资 235 亿日元支持海外供应链多元化。在日本，一份调查显示，约一半受访企业提到了未来要分散供应商、加强日本国内生产系统，实现标准化、共享化和共同化[①]。例如，大金工业公司表示，为避免新冠疫情及其他灾害导致的供应停滞风险，考虑将部分在华空调生产线迁回日本，并考虑在国内建设新厂[②]。疫情以来，日本政府先后出台了多项措施激励日本企业回归本土。在相关政策引导下，越来越多的企业选择将生产线回迁本土[③]。同时，推动日企提升抗风险能力，推动贸易程序数字化，配合新的物流保障体系，应用物联网、人工智能等新技术使物流流程模块化和相互渗透，提高供应链不同节点之间的物流畅通性，在发生风险时快速调整供应链和生产运输流程。在国际上，日本寻求与西方国家进行合作，建立层次更多、涉及领域更广的供应链关系。2020 年，日印澳签订《日印澳经济部长关于供应链弹性的联合声明》，三方表示将加强必要合作，提升供应链弹性。2021 年，美日印澳四国进行线上会谈，确认了分散供应链的必要性，并将联手制定新的国际规则。2022 年，

---

① 资料来源于日本 2022 年《制造业白皮书》。

② 大金考虑将在华空调生产线部分迁回日本 [EB/OL].（2022-11-09）[2022-11-09]. https://china.kyodonews.net/news/2022/11/27fdc2dda2e7.html.

③ 陈友骏，赵磊 . 疫情背景下日本供应链的重塑及前景分析 [J]. 日本学刊 ,2021(05):109-140+162-163+165-166.

日本与美国启动"印太经济框架"（IPEF），形成以日美同盟为主轴、以高新技术为核心、聚焦印太的海外供应链战略。同时，加快引导日本企业向泰国、马来西亚等东南亚国家分散布局，使供应链多元化，提高抗风险能力。

（三）推动绿色增长，努力实现碳中和目标

2020年10月，日本宣布将在2050年实现碳中和目标，提出将转换传统思维方式，采取积极措施促进产业结构和社会经济变革，实施经济与环境良性循环的产业政策。日本政府将全力支持企业大胆投资、创新绿色技术以应对挑战。2021年，日本经济产业省发布了全新的《2050碳中和绿色增长战略》，将大力加快能源和工业部门结构转型，通过调整财政预算、给予税收优惠、加强金融支持、加强监管改革与标准化以及参与国际合作等措施，推动企业进行大胆投资和创新研发，实现产业结构和经济社会转型（见表3–4）。

表3-4 《2050碳中和绿色增长战略》的政策工具

政策工具	具体内容
增加财政预算	十年内设立一支2万亿日元的绿色创新基金
给予税收优惠	建立促进碳中和投资和研发的税收优惠制度
加强金融支持	建立碳中和转型金融体系，设立长期资金支持机制和成果联动型利息优惠制度，吸引民间资本
加强监管改革与标准化	完善海上风电、蓄电池等相关规章，制定环境监管法规，建立碳交易、碳税等市场机制
参与国际合作	加强与欧美在重点领域、关键技术、标准化等方面的合作，通过"东京净零排放周"寻求国际合作

资料来源：作者根据日本《2050碳中和绿色增长战略》整理。

在能源相关产业方面，日本着力推进能源结构转型，减少化石燃

料使用，从四个方面着手促进能源供应清洁化。一是发展新一代可再生能源，包括海上风能、太阳能和地热能。海上风能作为日本可再生能源的“王牌”，对相关行业具有显著的促进作用，有助于日本在国际竞争中脱颖而出；太阳能和地热能也是可再生能源的重要组成部分，是实现碳中和的支持力量。二是发展氢能和氨燃料。氢能作为碳中和的关键，能够在发电、运输和工业等领域得到广泛应用。日本是世界上第一个制定氢能基本战略的国家，在多个技术领域处于领先地位，具有较强的竞争力。而氨燃料在使用过程中不会产生二氧化碳，如果电力公司在发电时混合燃烧20%氨燃料，那么发电部门的二氧化碳排放量将减少约10%，可见氨燃料是向“氢社会”过渡的重要燃料之一。三是发展新一代热能产业。日本工业和消费部门约有六成的消费能源是热能。热能供应端的脱碳将有利于需求端脱碳，为实现2050年碳中和目标作出重要贡献。四是发展核能。以技术创新为核心保障反应堆安全性、可靠性，能够提供大量稳定无碳电力，有效提高资源利用率，并满足多样的社会需求。重点部门的脱碳是社会脱碳的重要力量，如交通运输、生产制造和农业等重点产业。在交通方面，电动汽车的推广不仅涉及汽车行业，还涵盖能源、工业、生活、物流和城镇发展等多个领域，因此日本政府提出至2035年将实现所销新车全部转变为纯电动汽车和混合动力汽车的目标。蓄电池作为新能源基础，是实现数字化发展的关键，电动汽车和可再生能源的普及扩大了对蓄电池的需求，因此要加快建设相关基础设施建设，大力开发性能更优、成本更低的新兴电池技术。日本想要建成一个绿色和数字并存的可持续社会，离不开半导体和信息通信产业，绿色化和数字化社会将加快碳中和的实现。日本政府将通过数字化提高能源效率，并促进数字设备和信息通信产业本身的节能和绿色。船舶、航空、物流、人流等方面的节能减排将有助于供应链的碳中和。另外，碳中和的实现离不开碳回收和材料等资源的循环利用。与此同时，日本政府高度重视低碳理念在民众中的传播，提倡低碳的生活方式。如通过物联网、人工智能和电动汽车等新技术的普及应用发展新一代住宅和建筑业，使用高性能、绿色化的建筑材料和可再生能源，大力发展共享交通物流。

小专栏——日本机器人产业的复苏与未来

国际机器人联合会（IFR）发布的《2022 年全球机器人产业报告》显示，2021 年全球工厂新安装约 51.74 万台工业机器人，同比增长 31%，创下历史新高。日本工业机器人产业在世界名列前茅，因此日本有“机器人王国”之称。根据国际机器人联合会的数据，2021 年日本机器人运行存量约为 39.3 万台，同比增长 5%，其出口工业机器人达 18.6 万余台，创下新峰值。日本不仅是世界机器人生产大国，本国国内对机器人也有较大需求。近年来受新冠疫情影响，日本国内机器人安装量不尽如人意，而 2021 年日本机器人安装量达到 4.7 万余台，下降趋势得到扭转，同比大幅增长 22%。对于日本而言，这一趋势也是其经济复苏的征兆。

为了继续保持机器人产业在全球的领先地位，日本在 2015 年发布了《机器人新战略》，推动机器人与大数据、云计算、物联网、人工智能等技术的深度融合，在日本积极建立世界机器人技术创新高地，营造世界一流的机器人应用社会，在物联网时代引领机器人世界规则和国际标准的制定。日本研发体积更小、应用更广泛、性价比较高的机器人，以及能够满足柔性制造的频繁切换工作部件的机器人，将机器人的应用领域从传统的汽车、电子制造业向食品、化妆品、医药等更广泛的制造领域和中小企业拓展。2020 年，制造业领域使用的机器人的市场规模较 2012 年（6000 亿日元）翻了一番，达到 1.2 万亿日元。大型企业机器人化率达到 25%，中小型公司的机器人化率达到 10%。日本还在医疗、护理、仓储物流、清洁等服务领域推广机器人的使用，2020 年，以服务领域为中心的非制造业机器人市场规模较 2012 年（600 亿日元）扩大 19 倍，增至 1.2 万亿日元，服务业的劳动生产率提高三倍。据 NEDO 预测，随着机器人在多样化场景中的广泛使用，未来机器人产业将进入加速发展期，到 2025 年，日本机器人市场规模有望达到 5.3 万亿日元，2035 年预计达到 9.7 万亿日元。

四、韩国：强化制造业主体地位，稳定供应链，力图引领全球新产业和新领域

近年来韩国政府出台各项政策，为推动产业智能化、数字化和绿色化发展，迎接新一轮工业革命作出了巨大贡献。2019 年，韩国政府密集发布了一系列瞄准 2030 年的产业发展战略。2019 年 3 月，韩国产业通商资源部发布《第七次产业技术创新计划（2019—2023）》，主要内容包括建立以速度、挑战和积累为中心的技术开发系统，基于平台基础结构的转型以及指引新技术快速进入市场支持系统的基本方向，目标是到 2022 年主要行业全球市场占有率由 8.5% 提高至 12%、研发投资占 GDP 比例由 3.6% 增加至 4.3%、产业研发人才占比由 9.4% 增加至 12%、技术转移占比由 38% 增加至 43%。同年 6 月，韩国政府发布《制造业复兴愿景与战略》，明确了制造业作为国家经济根本，以及在

创造高质量就业机会和创新增长路径上的基础地位（见表 3–5）。

表 3-5　韩国制造业复兴愿景

指标	现状	目标（至 2030 年）
制造业增加值率	25%（2017年）	30%
新产业与新产品比重	16%（2018年）	30%
世界一流企业数量	573家（2018年）	1200家
出口排名	第6（2018年）	第4

资料来源：韩国产业通商资源部《制造业复兴愿景与战略》。

2019 年 8 月，韩国相关领导人表示 2020 年将投入约 38 亿美元推动数字技术、5G 网络、人工智能、半导体、生物健康、未来汽车等产业实现创新发展，并力促创新发展的覆盖面逐渐扩大至其他产业。同时，韩国科学技术信息通信部宣布 2020 年投资约 200 亿美元，通过“数据—网络—AI”的尖端化发展来加速向数据经济的转换，进一步提升韩国在 5G 和人工智能领域的国家竞争力。韩国财政部发布《基于数字的产业创新发展战略》，将重点放在“制造业 + 数字”的新发展战略上，增强制造业这一韩国主力产业的竞争力。2021 年，韩国颁布全球首部数据产业基本法《数据产业振兴和利用促进基本法》，旨在对数据的开发利用进行统筹安排并为发展数据产业和振兴数据经济奠定基础。同年，韩国政府预算创下历史新高，其中创新成长领域预算 2.34 万亿韩元，重点为生物技术、未来汽车、半导体三大产业。韩国产业通商资源部计划在未来型产业及提升制造业竞争力方面投入 4.6705 万亿韩元，支持新能源相关产业 4.8956 万亿韩元。

然而新冠疫情以来，韩国制造业遭受巨大冲击，2022 年 4 月的制造业生产能力指数更是创 2020 年 8 月以来 20 个月的新低，同时韩国国内遭遇粮食危机、物价上涨、减碳过程步履维艰等多重阻碍，发展陷入困境。从韩国近年来的产业政策和实施情况看，其产业发展具有如下趋势。

（一）加强制造业的主体地位，增强制造业经济效益和竞争力

第一，以智能化、生态友好型和融合方式创新产业结构。2019 年韩国政府在《人工智能国家战略》中提出，构建引领世界的人工智能生态系统，成为人工智能应用领先的国家，开发以人为本的人工智能技术。在智能制造上，将实现“智能工厂 + 智能工业园区 + 基于人工智能的专业化生产”。与美国、德国和日本等国不同的是，韩国的战略重点在于中小企业智能制造技术的推广应用而非深度开发智能制造技术，以政府主导—官民合作—财阀支援的模式集中力量改造和建设中小企业智能工厂[①]。韩国力争实现产品和生产过程的绿色化，抢占新能源汽车、船舶、能源等行业的绿色市场，企图成为绿色市场的领头羊。通过开发机器人等关键技术促进制造业和服务业的融合，提高附加值。第二，以创新产业取代传统产业，凝聚国家力量和资源打造可持续发展的战略新兴产业，加速优势产业向高附加值、高潜力方向转变，集中促进制造业关键材料、零部件和装备产业发展，促进企业结构创新，建设工业园区创新中心，继续培育世界一流企业、加大力度支持出口。第三，以挑战为中心重组产业生态系统。在人才方面，努力培养制造业紧缺人才，制订基于产业需求的教育方案；在技术方面，扩大研发投资以应对颠覆式创新挑战，建立技术积累体系以保证核心技术不断累积；在金融方面，构建支持制造业企业应对挑战的金融体系，加大对创新型企业投资，鼓励私人投资。第四，强化政府在支持投资和创新方面的作用，为企业发展创造良好环境，支持激励国内投资并给予税收优惠；发挥政府“第一买家”（First Buyer）的作用，通过公共采购创新支持培育民营企业创新；建立公私合作机制，推广新技术。

---

① 黄群慧，江鸿，贺俊．韩国推进智能制造的最新部署及其启示 [J]. 中国经贸导刊 ,2018(18):54-56.

（二）对新兴产业和新经济领域战略进行补充，重点支持半导体、未来汽车和生物健康三大领域发展

2021 年 11 月，韩国政府表示将动用一切力量推动半导体、未来汽车、生物健康“三大创新增长产业”（BIG3）的发展，力争在 2025 年前将这三大产业的竞争力提升至世界第一，成为全球供应链的核心枢纽。韩国政府于 2022 年向 BIG3 产业投资 6.3 万亿韩元，比一年前的 4.4 万亿韩元增长 43%。同时将大力支持大企业与中小企业合作、车用半导体供应链国产化、汽车零部件企业重组。例如，作为汽车大国和强国，新能源汽车领域布局的滞后影响了韩国汽车的国际市场地位。近年来，韩国从技术研发、生产制造、公共产品采购、个人购买多个方面对新能源汽车发展给予支持和补贴，如对每座加氢站提供 250 万美元的建设补贴，首尔、蔚山燃料电池公交车每辆可获得 16 万美元购车补贴。韩国政府计划从 2020 年到 2025 年投入 3850 亿韩元的新能源汽车研发资金，到 2022 年前，计划销售 43 万辆电动车，到 2030 年，销售 85 万辆氢能源汽车。2019 年 1 月，韩国工业部联合其他部门发布《氢能经济发展路线图》，对标日本《氢能与燃料电池战略路线图》，提出氢经济“准备期、发展期和领导期”三步走战略，规划在 2030 年进入氢能社会，成为世界氢经济领导者。在《2030 未来汽车产业发展战略》中，计划通过加速发展环境友好型汽车并进军国际市场、构建无人驾驶管理体系及路网系统、汽车产业转型为以民间投资为主的开放型业态三大战略措施，目标是到 2030 年，电动汽车和氢能汽车等环保汽车在韩国市场的新车占比提升至 33%，国际市场份额提升至 10%，汽车核心零部件国产率提升至 80%。在动力电池领域，韩国计划至 2030 年实现民间投资

50 万亿韩元，世界市场占有率达 40%，位居世界第一[①]。

（三）努力保障供应链稳定，提升供应链多样化，应对国际贸易环境变化

新冠疫情加大了全球不确定性和不稳定性风险，世界主要工业国越发重视供应链问题，韩国亦是其中之一。政策方面，韩国大力支持重组供应链，强调加强科技竞争力以保证在全球供应链中的基地作用。一是通过向中小企业提供资金支持和贷款优惠、咨询服务促进企业回迁[②]。二是吸引外资以强化本土供应链。2022 年 7 月，韩国产业通商资源部公布了新修订的《现金支援制度运营要领》，鼓励外商在尖端科技、核心供应链领域投资，大幅增加现金扶持力度[③]。三是分散供应链风险，促进供应链多元化，鼓励企业从不同供应商处收集采购产品，降低对特定国家的依赖度。企业方面，为应对全球供应链危机及美国《通胀削减法案》的实施，韩企在北美地区构建了从二次电池、电动车领域到核心矿物原料、原材料、零部件、最终产品的供应链。例如，LG 能源解决方案与多家加拿大企业签署了谅解备忘录以获得稳定的能源供应[④]。此外，浦项制铁化学也收购了中国石墨加工企业的股份以维护负极材料供应稳定[⑤]，三星加快布局位于越南等国

① 韩计划到 2030 年动力电池市场占有率居世界第一 [EB/OL].（2022-11-08）[2022-11-8]. http://kr.mofcom.gov.cn/article/jmxw/202211/20221103365785.shtml.

② 白玫 . 韩国产业链供应链政策变化及其影响研究 [J]. 价格理论与实践 , 2022(01):54-60+106.

③ 韩国将加大对尖端技术和核心供应链领域外商投资的现金扶持，最高可达投资额的 50% [EB/OL].（2022-7-21）[2022-7-21].http://kr.mofcom.gov.cn/article/jmxw/202207/20220703334910.shtml.

④ LG 能源解决方案与加拿大核心矿物企业签署 MOU 加强北美供应链建设 [EB/OL].（2022-09-23）[2022-9-23].http://kr.mofcom.gov.cn/article/jmxw/202209/20220903351186.shtml.

⑤ 韩国浦项制铁化学致力于稳定供应链，收购中国电池负极材料原料企业股份 [EB/OL].（2022-09-10）[2022-9-10].http://kr.mofcom.gov.cn/article/jmxw/202109/20210903196897.shtml.

的新生产基地。在国际方面，韩国加强建立与欧美国家关系，扩大技术研发合作。2022 年以来，韩国与英国、德国、澳大利亚等国就碳中和、半导体、数字贸易、能源等热点话题进行对话，寻求国际供应链合作。

五、对中国新型工业化的启示

综合全球主要工业国家推动产业发展的最新战略部署，充分考虑未来全球竞争环境的复杂性，重视创新体系建设，推进工业数字化、智能化和绿色化转型，积极融入全球多边体系，维护产业链安全稳健和培养制造业人才，应成为我国建设新型工业化的关键点。

（一）建设更高效的创新体系，发展先进制造业

面对美国不断升级的技术打压和未来新的多边规则的约束，我国的产业发展和技术创新环境将发生很大变化，必须加快完善自身的制造业创新体系，提升我国制造业的原始创新能力和战略性技术突破能力。构建更加有效的创新体系，依托新型国家实验室建设提高我国的突破性基础技术供给能力，依托新型共性技术研发机构提高我国产业发展急需的共性技术供给和扩散能力。

在国家层面，加快建设跨学科、大协作和高强度资金支持的独立运营的新型国家实验室。国家实验室的主要功能是围绕国家重大产业发展使命，依靠跨学科、大协作和高强度资金支持开展协同创

新和战略性研究开发，这方面的典型代表是美国劳伦斯伯克利国家实验室、阿贡国家实验室及德国的亥姆霍兹研究中心等。与发达工业国家相比，目前我国的一些国家实验室和国家重点实验室存在功能错配和定位不准的问题。美国和德国的国家实验室在研发项目设立和管理、人事、财务等方面都相对独立于大学，而我国的国家实验室则很大程度上依附于大学和院系。我国的国家实验室基本是单一学科的，而美国和德国的国家实验室多数是跨学科的、综合性的研究机构，旨在弥补大学学科交叉不足的问题。我国国家（重点）实验室在研究项目设立方面没有区别于既有的高校和科研院所，造成较为突出的重复研究问题。因此，要建设以跨学科、高投入、长周期研发项目为特点的新型国家实验室，围绕解决制约我国产业国际竞争力和国防安全等重大科技应用问题，有重点、有针对性地加快提升自主创新能力。

在地方政府层面，鼓励各地将产业发展的重点放在建立完备且高效的制造业创新体系与服务体系上面，而不仅仅是强化补贴等结构性产业政策。根据共性技术研发机构的现代治理机制建设共性技术研发机构，采取“公私合作”的运营模式，运营经费分别来自国家财政、各级政府的竞争性采购和市场。在治理机制方面，通过专业委员会和管理社会化减少政府的行政干预。同时，重视引导研究院为技术领先企业、科技型中小企业和落后地区制造业等具有较强社会外部性的机构和领域投资。

（二）继续推进工业数字化、智能化转型

在新一轮科技革命和产业变革持续深入推进的背景下，我国进入加

快转变经济发展方式的时期。2021 年，工业和信息化部联合多方制定了《“十四五”智能制造发展规划》以提升智能制造发展水平。自 2010 年以来，我国制造业增加值规模连续 12 年位居世界第一，2021 年达 31.4 万亿元，占 GDP 比重达 27.4%。制造业数字化、智能化转型步伐加快，重点领域工序数控化率达 55.3%，数字化研发设计工具普及率达 74.7%[①]。尽管我国已在工业数字化、智能化转型方面取得不俗的成绩，但仍有诸多方面问题亟须解决。

在制度标准建设方面，部分规章制度存在滞后性，无法适应快速更新的新技术和加速涌现的新产业要求。虽然我国已经出台诸多法律法规规范数字产业发展，但仍在诸多新领域存在空白。在转型主体方面，企业尚缺乏数字化能力，高端领域关键软件和硬件设施对外依赖度高。例如，全球工业软件 54% 的供给来自美国，40% 来自欧洲，只有 6% 来自中国[②]。在生产要素方面，数字化基础设施建设不平衡、数据要素应用处于浅层、人工智能等先进技术应用场景开发缓慢、复合型高端人才紧缺等问题突出。基于此，我国继续深入推进制造业数字化、智能化转型时应格外注意以下几点。第一，加快完善数字化转型相关规章制度，促进产业规范化、标准化发展。数字技术渗透到生产和生活的方方面面，使知识产权保护、反垄断、网络安全维护、数据隐私保护等问题交织，需要各方面协同合作以应对其复杂性。2022 年，工业互联网产业联盟技术与标准组正式发布了《工业互联网标准体系》（3.0 版），在原有基础上梳理了已有标准，修订了未来重点标准

① 我国制造业增加值连续 12 年世界第一 [EB/OL].（2022-03-10）[2023-01-01].https://www.miit.gov.cn/xwdt/szyw/art/2022/art_73e8ef1b62b14926ae503f0bfe63b289.html.

② 2022 年世界互联网大会乌镇峰会·工业互联网论坛举行 企业家共话产业链数字化 [EB/OL].（2022-11-10）[2022-11-10].http://finance.cnr.cn/gundong/20221110/t20221110_526057283.shtml.

化方向。未来，我国应继续在已有实践基础上深入探索，填补空白、补齐缺漏。第二，打造良好生态环境，支持企业尤其是中小型企业数字化转型。加快建设智能制造示范工厂，为企业转型树立可供借鉴的典范；支持产业链链主企业为中小型企业发展数字化赋能平台，提供和共享数字化服务。第三，强化数字化转型支持政策，从资金支持、人才培育、基础设施完善、数据要素市场培育等多方面共同推动制造业数字化、智能化转型。

（三）深入推进能源转型，承担大国责任

"碳中和"目标的实现离不开能源转型。早在"十一五"时期我国就高度重视能源转型和气候变化议题，通过把控能源强度和碳强度推动转型进程[①]。近年来我国能源转型战略目标不断演进，从能源供给和能源需求两个方面形成了转型重点。在供给侧，非化石能源占一次能源的比重不断提高；在需求侧，进行产业结构和布局调整，提高能源利用率。尽管我国能源转型已经取得了重大突破，但经济和能源需求仍然处于增长期，消费体量庞大，非化石能源不仅要填补化石能源削减的部分，还要满足新增能源需求，未来面临着诸多挑战。同时，我国转型驱动力过于依赖政策，无法满足长期转型的动力需求。

基于此，我国应从市场和政府两方面出发，提高整体推动作用。在市场层面，发挥市场机制的核心驱动作用。如在能源价格上，完善能源税价体系，形成清洁低碳能源竞争性市场；在技术交易、转移和扩散上加快形成市场化机制。在政府层面，完善工业绿色发展政策体系，引

① 范英，衣博文 . 能源转型的规律、驱动机制与中国路径 [J]. 管理世界 ,2021,37(08):95-105.

导金融机构为企业提供绿色化转型资金支持，吸引更多投资主体。2021年，中国人民银行、国家发展改革委和证监会在原有基础上更新了《绿色债券支持项目目录（2021年版）》，以支持绿色项目落地。在税收制度上，加快建立“绿色税收”体系。随着数字经济的快速发展，数字经济部门的碳排放快速增加，占碳排放总量的比重逐年上升，并未展现出数字经济绿色低碳的发展特质[①]。因此，在运用数字技术助力其他行业减碳减排的同时，要高度重视数字经济本身的碳排放，加强对数字经济碳排放的核算与监测，加快绿色材料和绿色技术开发和应用，引导数字经济部门加快能源转型。

（四）积极融入全球多边体系，主动出击应对全球供应链调整

面对越来越复杂的世界格局和规则变化，我国应更主动地融入新的多边贸易和投资体系，如按照世贸组织（WTO）改革要求和全面与进步跨太平洋伙伴关系协定（CPTPP）等多边规则标准，加快我国高标准市场体系建设，扩大对外开放力度，确保我国继续深度融入全球新一轮多边体系。以WTO协定为核心的国际贸易投资规则的宗旨在于维持自由、公平、透明的全球市场秩序，致力于形成一套符合市场经济发展规律的规则。在此层面，在没有合法性目的的前提下，我国产业政策不应违背WTO协定所确立的最惠国待遇原则、国民待遇原则和透明度原则。在制定和实施产业政策过程中，我国政府或公共机构对企业或行业给予的补贴应避免具有专项性。这样，我国产业政策特别是补贴政策才能获得国际法上的合法性，为中国企业“走出去”

---

① 渠慎宁，史丹，杨丹辉．中国数字经济碳排放：总量测算与趋势展望[J]．中国人口·资源与环境，2022,32(9):11-21.

提供支持。2021 年 9 月，我国正式申请加入 CPTPP[①]，这是我国推动高水平开放和深化改革、有效应对中美经贸摩擦、更好融入全球多边治理体系的重要一步。

与此同时，新冠疫情促使美欧各界真正开始在战略层面对供应链安全因素给予高度关注，强化了各国调整全球供应链体系的预期和紧迫感，以提升其供应链安全性。在安全性因素的驱动下，美欧各界对未来全球供应链的调整有两个方向。一是推动多元化的全球采购，即通过增加中国以外采购来源地或者通过多国投资来提高其供应链的多元性，降低从中国集中采购的风险。二是加强本地化生产，促进制造业回流[②]，同时分散布局生产线。如美国推动制造业向墨西哥、巴西等拉美国家转移，德法英等欧洲国家推动制造业向东欧和土耳其等地转移的“周边化生产”，很可能成为未来美欧推动全球供应链本地化和生产化的战略重点。面对全球供应链分散化和多元化的挑战，短期内中国要加快供应链恢复的节奏和效率，长期看要加强中国外资和技术战略的统筹部署，从根本上提升中国适应全球供应链调整的能力。随着新冠疫情过后美欧供应链安全意识的进一步强化，以智能化和自动化生产为核心特征的新一轮科技革命和产业变革的深入推进，以及我国要素成本的上升，未来我国在全球进一步提升供应链参与度的空间已经比较狭小，全球供应链本地化和分散化将是未来的趋势。基于此，未来中国全球供应链战略的核心和重点应当是加速中国制造业企业对外直接投资，以中国企业的主动“走出去”“融入本地化”为战略主线，顺应全球供应链本地化的诉求，确保中国制造业在全球供应

---

① 中国正式提出申请加入 CPTPP[EB/OL].（2021-09-16）[2021-9-16].http://politics.people.com.cn/n1/2021/0916/c1001-32229428.html.

② 贺俊．“十四五”全球供应链调整与中国应对战略 [J]. 中国经济评论 ,2021(1):57-59.

链调整过程中损失最小、获益最大[①]。

（五）注重产业链安全稳定

面对美国不断升级的技术封锁和产业打压，我国既有的产业管理和政策体系逐渐暴露出战略性、系统性和及时响应性方面的问题。虽然目前我国的产业管理和政策体系已经部分包含了产业链安全管理的职能和内容，但由于负责各类产业链安全管理的部门行政级别较低且高度分散在不同的产业管理部门，因而我国的产业链安全管理从一个完整体系的角度看是缺位的[②]。实际上，目前我国仍然主要基于传统的产业规划、政策或临时性政策部署来应对美国的技术打压，但是这些政策工具在有效应对美国对华打压方面存在以下缺陷：一是产业规划和政策具有公开性的特点，不宜涉及高密级的产业链安全管理内容；二是产业规划和政策缺乏灵活性，不能适应产业链安全管理快速反应和及时调整的要求；三是临时性的政策部署常常是事后的，不能战略性、前瞻性地应对美国系统性的、密集的打压行动。因此，加强我国产业链安全管理的战略性、系统性和有效性，靠完善产业规划体系、提高既有产业管理部门的产业链安全意识已经远远不够，必须建立全新的产业链安全管理体系和工作流程，从根本上保证未来我国产业发展能够有效应对复杂多变的竞争环境，从根本上保证应对竞争策略的战略性、连续性和有效性[③]。

鉴于此，未来我国重大产业发展规划和项目的制定、实施，都应当

① 贺俊 . 从效率到安全 : 疫情冲击下的全球供应链调整及应对 [J]. 学习与探索 ,2020(5):79-89.

② 贺俊 . 制造强国建设的关键维度和战略要点 [J]. 电器工业 ,2021(4):49-57.

③ 江鸿 , 贺俊 . 美国结构性产业政策的变革走向与中国应对 [J]. 中州学刊 , 2020(10):32-39.

在产业链安全管理的总体框架下进行统一部署和安排。以产业链安全立法和产业链安全管理组织机构责权完善为突破口，全面启动我国产业链安全管理的政策体系和治理体系建设工作[①]，明确把产业链安全管理作为我国产业政策、科技政策、竞争政策和贸易政策的前置性工作，加快构建权责清晰、多部门紧密协作的产业链安全管理体系。

（六）加快制造业人才培养和体系建设

我国拥有庞大的人口基数，但随着人口老龄化等问题的显现，劳动力供给趋缓，工业就业占比下降。据国家统计局数据，2021 年末全国就业人员为 7.4652 亿人，较 2015 年的 7.6320 亿人下降约 0.17 亿人。全国就业人员中，第二产业就业人员占 29.1%。2021 年，工业城镇单位就业人数为 4554.8 万人，约占城镇单位就业人数的 26.8%，较 2015 年的 33.3% 下降了约 6.5 个百分点。在劳动力供给质量方面，我国接受过高等教育的劳动力不断增加，供给质量逐年上升。2021 年普通本专科毕业生达 826.5 万人，较 2020 年增长约 29.3 万人。尽管我国劳动力供给数量逐步下降，但供给质量得到较大提升，未来劳动力要素能够释放更多增长动力。但是，工业就业人数和比重的逐年下降也不容忽视，长期来看将会对我国新型工业化建设形成约束。其他发达工业国正加大工业尤其是制造业人才的培养力度，我国也应加速推进教育改革，满足技术进步对工业发展人才提出的新要求，夯实人才供给基础。围绕制造业的数字化和智能化转型，将相关课程特别是与制造业相关的 STEM 课程融入基础教育。在传授知识的同时重视能力的培养，包括创造力和创新

① 黄群慧，贺俊，倪红福．新征程两个阶段的中国新型工业化目标及战略研究 [J]. 南京社会科学，2021(1):1-14.

力以及对未来社会的适应能力等。在职业教育培训上，提升社会对职业教育的认知度和认可度，扩大制造业劳动力供给池，加强教育界与产业界的联系，吸引更多复合高端人才进入制造行业。对于企业而言，重视员工技能培育，打造企业教育氛围，不断提升员工人力资本，提升企业自身竞争力。

此外，在“机器换人”进程中保障制造业劳动者权益、完善下岗劳动者再就业培训制度刻不容缓。依靠技术进步，以机器替代中低端就业岗位是破解制造业劳动力供给不足的有效途径，但在这一过程中要切实处理好人与机器关系，保护好劳动者权益①。加强人机协作技术研发和应用，加快人机协作制度建设和推广，例如重视人工智能等技术应用过程中可能出现的道德伦理问题和收入分配问题。

① 黄娅娜，邓洲. 生产要素对制造业的影响分析及政策建议 [J]. 中国井冈山干部学院学报，2022,15(1):112-122.

第四章 国家新型工业化产业示范基地总体发展情况

十多年来，在国家新型工业化产业示范基地评选的带动下，各类开发区、工业园区、国家规划重点布局的产业发展区域坚持“突出企业创新主体地位、推动支柱产业链群化发展、完善支柱产业服务体系”，示范基地新兴产业发展态势显著增强，已成为产业转型主阵地，有力引领带动了全国工业经济和地方经济的发展。但是，部分示范基地在产业层次、产业布局、要素利用效能等方面仍有较大提升空间。在新时期，各示范基地可从转变发展模式、找准体系定位、提升要素效能等方面切入，全面提升产业发展层次、提升两业融合层级、助推实现“双碳”目标。

一、国家新型工业化产业示范基地建设情况

截至 2022 年 3 月，工业和信息化部已分十批批复了 445 家国家新型工业化产业示范基地（以下简称示范基地）（见图 4–1）。示范基地以先进制造业和战略性新兴产业为主导，覆盖全部经济区域和 32 个细分行业。从分布行业看，装备制造业 120 家，占 27.0%；原材料工业 95 家，占 21.3%；消费品工业 75 家，占 16.9%；电子信息产业 52 家，占 11.7%；高技术转化应用 39 家，占 8.8%；软件和信息服务业 18 家，占 4.0%；大数据 12 家，占 2.7%；数据中心 11 家，占 2.5%；工业互联网 8 家，占

1.8%；产业转移合作 4 家，占 0.9%；其他 11 家，占 2.5%（见图 4–2）。

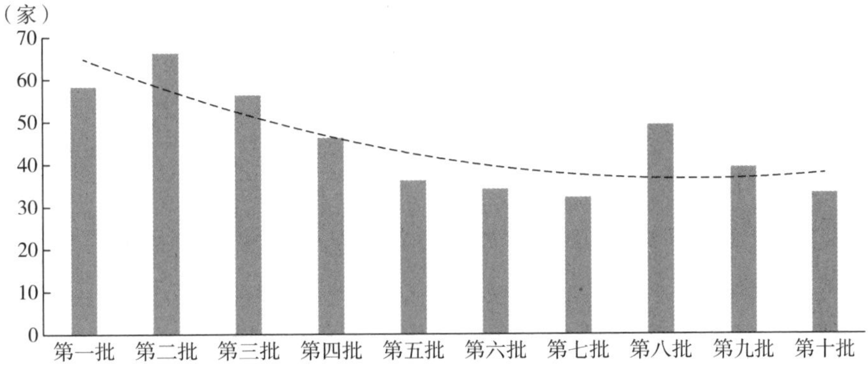

图 4-1　各批次国家新型工业化示范基地数量

资料来源：除另有标注外，本章图和表数据均来源于工业和信息化部，下同。

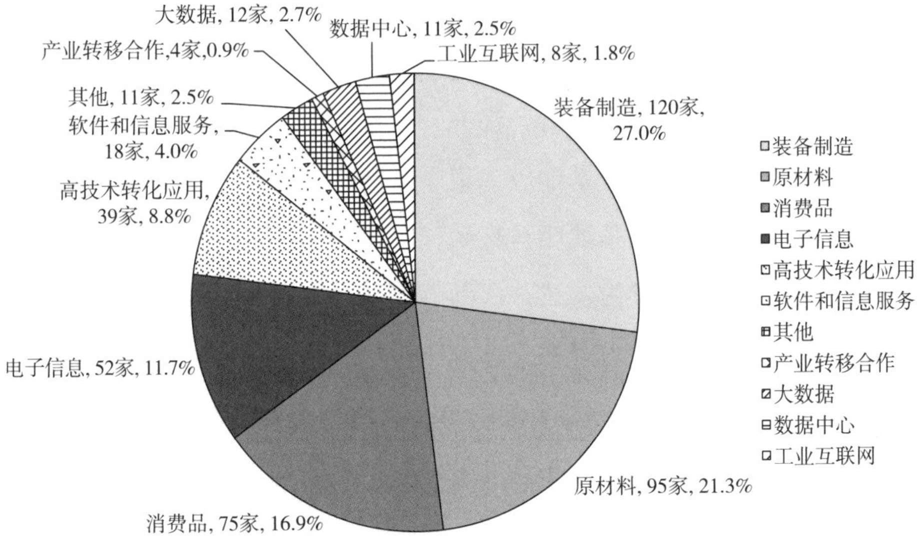

图 4-2　2022 年全国示范基地行业分布情况

从分布区域看，东部地区共 193 家，占 43.4%；中部地区 91 家，占 20.4%；西部地区 122 家，占 27.4%；东北地区 39 家，占 8.8%。从具体省份看，现有示范基地主要分布于沿海经济带、长江经济带，山东、江苏、浙江、广东、四川、河北、上海等工业基础雄厚的省份示范基地数量均达到或超过 20 家，海南、青海、西藏等不适宜发展大工业的省份示范基地数量相对较少（见图 4–3）。

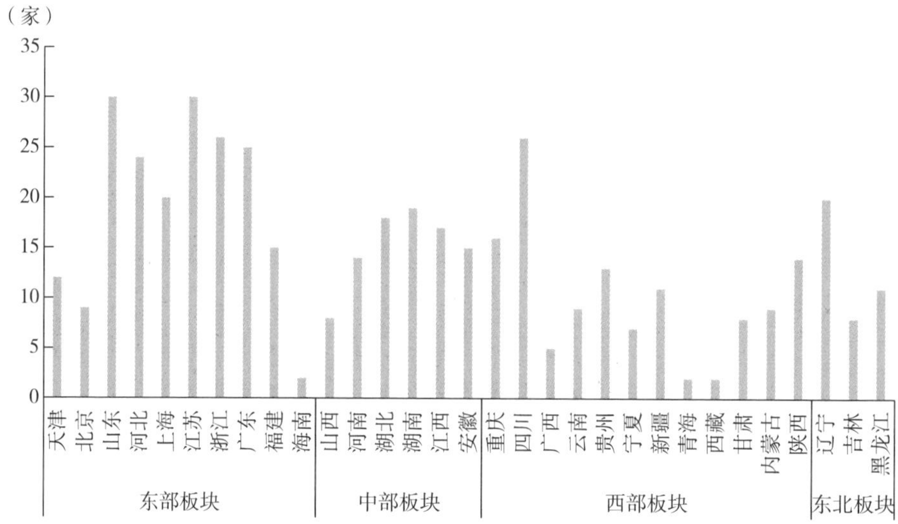

图 4-3　不同省份前十批新型工业化产业示范基地数量

从各区域的行业分布来看，江苏、山东、浙江、河北、辽宁等工业基础优异地区装备制造业基地较为集中，新疆、辽宁等炼油能力强或资源集聚地区原材料工业基地相对集聚，山东、浙江等人口大省和小商品集聚地区消费品工业较为发达，江苏、福建等外资台资相对集聚地区电子信息和软件服务业较为发达（见表 4–1）。

表 4-1　新型工业化产业示范基地主要细分行业区域分布情况（家）

	装备制造	原材料	消费品	电子信息	高技术转化应用	软件和信息服务	大数据及数据中心
天津	5	1	1	2		1	
山东	11	5	6	3	1	2	2
河北	8	4	4	3	2		3
上海	5	4	1	3	1	3	2
江苏	13	2	3	7	1	1	2
浙江	8	4	9	3	2		
广东	6	1	5	5	1	2	1
福建	1	1	4	5	2	2	

续表

	装备制造	原材料	消费品	电子信息	高技术转化应用	软件和信息服务	大数据及数据中心
陕西	4	2	2	1	3	1	1
河南	5	5	2		1		1
湖北	6	2	2	1	3	1	
湖南	6	5	2	1	3		
江西	1	4	4	5	1		2
重庆	5	2	2	2	2	1	1
四川	7	4	3	4	4		2
云南		5	2		1		
新疆	2	6	1	1	1		
辽宁	9	6		2	1	1	
吉林	2	2	5				
黑龙江	2	3	4		1		

注：标记颜色代表大于等于 5 家示范基地数量。

二、国家新型工业化产业示范基地的建设成效

（一）推进区域产业协调发展，奋楫笃行开创新发展格局

1. 新型工业稳定经济，产业示范引领发展

示范基地代表了我国工业集聚发展的先进水平，体现出工业区域布局和产业发展特色，成为产业创新驱动、转型发展的重要载体。2020 年，面对需求收缩、供给冲击、预期转弱三重压力，国家示范基地积极应对，发挥了其在产业实力、创新驱动、深化改革、融合发展、绿色集约、开放合作方面的示范引领和“压舱石”的重要作用。2020 年，示

范基地着力稳定经济底盘，走出逆周期表现，实现工业总产值 41.75 万亿元，比上年增长 3.66%，工业总产值占国内生产总值（101 万亿元）的 41%，平均每家示范基地实现工业总产值 1036 亿元。

2. 贯彻新发展理念，促进区域产业双协调发展

产业集聚度是区域经济发展前景的重要决定因素，以产业集聚促进区域协调发展，是贯彻新发展理念、建设现代化经济体系的重要途径。我国幅员辽阔，各地区自然资源禀赋差别巨大，各区域示范基地发展呈现出动态平衡、在发展中促进相对平衡的特点。

东部地区示范基地 2020 年工业总产值达 23.76 万亿元，占全国示范基地工业总产值（41.75 万元）的 56.91%，经济体量庞大。同时，东部地区也是高新技术产业的主要集聚区域，拥有全国半数以上的省级研发机构和国家级研发机构，在贯彻落实京津冀协同发展、长三角经济带、粤港澳大湾区等区域重大战略部署时具有明显的联动效应和绝对优势，区域带动辐射作用明显，并逐渐呈现向外围扩散的趋势。

中部地区示范基地 2020 年创造了 8.12 万亿元的工业总产值，仅次于东部地区，其中，主导产业工业总产值 5.67 万亿元，产业集聚度为 69.83%，集聚效应明显。西部地区示范基地实现工业总产值 7.32 万亿元，同比增长 8.52%，增速居各经济区域首位。结合深入推进西部大开发战略，以产业园区为载体，以国家新型工业化产业示范基地建设为抓手，西部地区集群集约效应逐渐显现，成为推动区域经济稳定快速发展的新兴力量。东北地区示范基地 2020 年创造工业总产值 2.55 万亿元。作为老牌工业基地集聚区，东北地区在装备制造、原材料和消费品等工业领域具有不可替代的地位，不断提升示范基地的示范引领作用，对于推进新时代东北工业全面振兴具有重要意义。

从行业来看，东部地区有179家示范基地，涵盖全部11个主要行业；西部地区有112家示范基地，覆盖9个行业；中部地区有85家示范基地，覆盖10个行业；东北地区有38家示范基地，涵盖7个重点行业[①]。

（二）加快创新驱动发展步伐，升级新旧动能转换新模式

1. 创新主体与创新载体蓬勃发展，营造日益向好的创新生态

2020年，示范基地主导产业省级研发机构数量为17267家，同比增长17.85%，其中国家级研发机构数量达2943家，同比增长8.04%（见图4-4）。新型研发机构是创新驱动发展重器，重大科技创新平台层出不穷，承接了日益增长的研发项目，有效支撑示范基地实现科技成果的转化落地。广东省深圳市支持龙头企业加大基础研究投入，大力支持领军企业承担国家级创新载体建设任务，推动企业实现重大关键技术攻关，建成以港澳高校深圳研究院为载体的深港产学研合作示范区，推动创新成果转化。

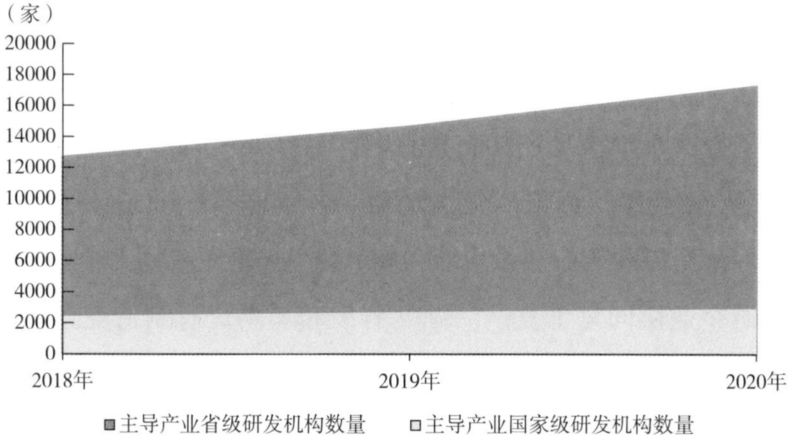

图4-4　2018—2020年全国示范基地研发机构发展情况

① 为与上下文保持一致，此处使用2020年统计数据，即不包括第十批示范基地。

2. 创新成果转化收效明显，创新投入与创新成效呈正向发展

2020 年全年，各示范基地研发经费投入总额达 21690 亿元，研发人数近 670 万人，在全部示范基地从业人数中占 13.63%。随着创新投入力度的持续加大，创新活力竞相迸发，创新成果不断涌现。2020 年，示范基地规模以上企业有效发明专利数突破 100 万件，平均每家示范基地拥有 2470 件发明专利。上海静安区大数据示范基地采用“大数据 + 物联网 + 地理信息系统 + 建筑信息模型”的技术融合方式，优化升级智慧园区综合管理平台 17 个子管理系统，建起 10 余个物联感知监测和预警机制，基本实现“数据可视化、技术高端化、管理科学化”，初步形成了“全覆盖、智能化、成体系”的智慧园区运营模式。

（三）深化供给侧结构性改革，畅通国内主体循环新路径

1. 夯实产业链自主可控能力，畅通国民经济循环

产业链自主化和产业基础高级化是夯实制造强国的根基和现代化经济体系的底盘，有助于提升产业链供应链稳定性、安全性和竞争力。2020 年，受突发新冠疫情的冲击，全球产业链供应链动荡调整，在党中央的坚强领导和各级工信部门的指导与帮助下，各示范基地有序开展了产业链自主化结构调整。江苏省围绕主导产业骨干企业和重点工业投资项目，全面梳理产业链供应链“树状图”，建立未复工企业清单，推动上下游企业协同复工复产。湖北省发布《湖北省制造业产业链链长制实施方案（2021—2023 年）》，提出按照“一条产业链、一位省领导、一个牵头部门、一个专家团队、一个工作方案、一个支持政策、一个工作专班”工作模式，全力推进产业链高质量发展。

各示范基地的先进做法有利于聚焦重点产业，统筹调度要素资源，高位推动纾难解困，实现延链、补链、强链，增强产业链供应链自主可控能力，统筹推进补齐短板和锻造长板，对于防范化解产业链重大风险、稳定经济运行具有重要意义。

2. 深化“放管服”改革，营商环境不断优化

深化体制机制创新改革，不断优化营商环境，有助于激发市场主体活力，是我国由高速发展阶段向高质量增长阶段转变的必然要求。2020年示范基地营商环境优化迈上新台阶：在基础设施体系的“硬环境”构建方面，公共服务平台累计达10629家，首次突破万家，并实现22.57%的高速增长，为园区提供了更广泛、更切实的平台支撑；在市场化、法治化、便利化等“软环境”营造方面，各级主管部门扎实做好“六稳”“六保”工作，在新冠疫情期间为示范基地减负增效提供了制度保障。

江西新余高新技术产业园区通过一“增”（政策资金与补助资金）一“减”（税金、租金及担保租金）两大类政策，降低企业运营成本，减小园区企业运营压力，2020年累计为企业减负约4.63亿元。同时，该高新区致力于优化政务服务，切实推行“一窗全办、一网通办、容缺先办”做法，不断压缩审批时间，全面推进“清单式”服务。

（四）深度融合信息化工业化，壮大国民经济发展新引擎

1. 数字赋能迸发新活力，打造数字经济新优势

打造数字经济新优势是“十四五”规划纲要提出的重要目标任务，而随着数字经济发展的不断深入，两化融合和数字化转型无疑是数字经济发展目标达成的重要途径之一。2020年全年，示范基地有序推进两

化融合与数字化转型工作：光纤入户（FTTO）企业占比继续扩大，已达到92.57%；应用数字化研发设计工具的规模以上企业达93882家，同比上涨9.33%；规模以上工业企业关键工序数控化率达77.12%；两化融合贯标企业数量不断增加，达到6280家，涨幅高达29.17%。杭州滨江高新区（物联网）立足数字经济核心产业全产业链基础，深耕数字领域，围绕产业链、创新链和价值链的耦合联动，形成明显优势，推动产业迈向全球产业价值链中高端。

2. 加速产业集聚，打造现代化产业体系

产业集群性是与构建新发展格局要求相匹配的现代产业体系应具备的主要特征之一。当前，产业能否集群发展决定产业能否拥有竞争优势。示范基地依托各自的优势或特色产业，吸引多条相关产业链上具有关联关系的企业在区域进行集聚，已呈现出节约运输成本、消除信息不对称以及通过互相学习达到技术扩散等正面效应。以电子信息行业为例，江苏无锡高新技术产业开发区（传感网）围绕物联网集群发展，优化产业发展布局结构，加强区域协同发展，推动"补链""强链""延链"工作，大力引进物联网领域的重特大、高精尖和关键环节项目，加速产业聚集，打造更加完善的产业链和产业生态。

（五）坚持绿色化集约化道路，积极探索"双碳"目标新思路

1. 大力发展绿色经济，推进绿色低碳产业发展

2020年，示范基地积极响应党和国家号召，践行绿色发展理念，全面提高资源利用效率，构建资源循环利用体系，大力发展绿色经济。

其中，各项环保指标收效显著：单位工业增加值用水量逐步下降，同比下降 4.33%；工业固体废物综合利用率在较高水平下仍有提升，由 2019 年的 91.17% 提升到 2020 年的 92.10%（见图 4–5）；基地内实施清洁生产审核的比例同比提升 2.82%。

在出色完成各项环保指标的同时，示范基地积极进行产业技术改革，探索属于自己的绿色发展思路。“双碳”背景下，绿色化成为示范基地产业技术改革的关键词。武汉经济技术开发区内的东风本田汽车有限公司，是华中首家自主出资建设太阳能光伏并网发电的企业，年发电量达到 55 万千瓦时。该公司在能源消耗、废气废水危险废弃物“三废”产出和处理控制方面大量运用环保工艺。通过对喷房、空调、烤炉等升级，年节约能源超 1.5%；导入先进的锆盐绿色前处理工艺，实现前处理废渣削减 90%，将重金属镍（Ni）的排放降为零。

示范基地通过对更高标准、更高效率产能的支持，引导对传统落后产能的“减量替代”，逐步实现能源结构转型，对实现“碳达峰”“碳中和”目标具有重要意义。

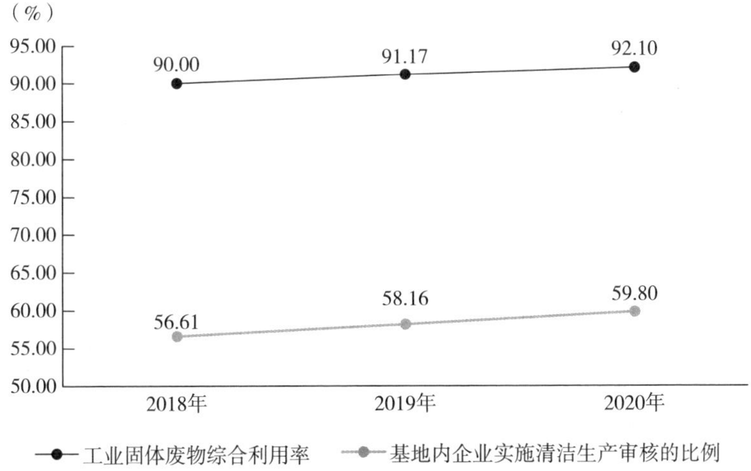

图 4-5　2020 年全国示范基地绿色发展情况

2. 提高要素集约水平，促进资源配置优化

各示范基地严格规范产业项目准入标准，通过带动增量项目、盘活存量土地促进生产要素集约高效利用，提高了投入产出强度和能源资源综合利用水平。2020 年，示范基地整体单位土地平均投资强度达 22393 万元 / 公顷，单位土地平均产值达 13215 万元 / 公顷，土地利用强度和投入产出效益水平稳步提升。

浙江省宁波市编制工业集聚区规划，建立“三区两线”的工业用地空间管控体系，优化产业布局，划定工业控制线，加强控制线分级刚性管理，严格保护控制线内工业用地。深化“亩均论英雄”改革，提升“两小”企业综合治理水平，完成 1.9 万家工业企业亩均效益综合评价，整治提升“低散乱”企业（作坊）2370 家，整治提升低效企业 1250 家，淘汰落后产能涉及企业 225 家。宁波市推进的全域深化治理和工业区块的改造提升工作，加速优化了资源的合理配置，推进了经济集约增长。

（六）统筹国内国际两个大局，应对百年变局新时代

1. 国内外新冠疫情挑战严峻，“双循环”格局初显

2020 年，受新冠疫情冲击，全球产业链供应链遭受重创。在党中央的坚强领导下，我国经济率先恢复并稳定增长，以制造业为突出代表，我国工业经济第一季度末回暖，在满足国内消费之余，出口额同比增长 2.42%，对外贸易实现正增长。以湖北十堰经济开发区（汽车）基地为典型代表，在疫情防控常态化大背景下，开发区坚持统筹国内国际两个大局、两个市场和两种资源，以汽车汽配为中心，建设开放型经济体制。一方面，积极参加在美国、德国、东盟等举办的国际汽车汽配博

览会，以及在北京、上海、天津、重庆等国内城市举办的汽配交易会，与海内外近千家企业达成意向合作；另一方面，以中国（十堰）汽配城为依托，成功举办 2020 中西部（十堰）汽车汽配商品交易会、中国商用车智能大会，吸引了一大批国际国内的参展参销客商，巩固了开发区市场主体地位，增强了产业辐射效应，拓宽了全区汽车汽配企业对外交流合作的渠道，提升了企业的综合实力。

2. 应对“百年变局”挑战，积极融入对外合作

在新冠疫情叠加逆全球化、发达国家制造业回流的影响下，我国产业链供应链安全问题日益突出，国际投资与国际合作难度高于往年。在不利的外部环境下，位于北京顺义区中关村顺义园区的北汽集团在合资合作、产业联盟、跨界融合、国际化发展等方面继续发力，构建中国汽车产业的最强共同体：与戴姆勒实现交叉持股，成为其第三大股东；整车出口突破 7.95 万辆，在全球 43 个国家和地区建立 45 个销售渠道和 171 家网点，8 个海外 KD（散装组件）项目均已实现 SOP（标准作业程序），先后设立 2 家全产业链生产基地、5 家境外销售公司和 1 个境外投融资平台。

三、国家新型工业化产业示范基地的主要经验

（一）突出转型升级主线，推动支柱产业链群化发展

技术改造是推动工业结构调整、提质增效的重要抓手和途径。多年来，示范基地紧紧抓住技术改造投资的“牛鼻子”，实施技术改造提升，

为传统产业注入创新要素，推动传统产业转型升级。示范基地通过采用新技术、新工艺、新设备、新材料对现有设施、工艺条件及生产服务进行改造提升，淘汰落后产能，实现技术进步，提高生产效率，推进节能减排，促进安全生产。辽宁鞍钢经济开发区钢材精深加工产业示范基地已对70%以上的冶金及钢铁深加工企业实施改造升级，打造了一批行业排名领先、具有影响力的工业品牌。广西百色工业园区有色金属（铝）产业示范基地通过技术改造，每吨氧化铝能耗降低了20千克标准煤，年产氧化铝200万吨，年可节约标准煤约4万吨，每吨氧化铝固定费用降低约100元。昆山经济开发区等先进示范基地均高度重视支柱产业的集聚发展，围绕支柱产业拉长和延伸上游、中游、下游的产业链条，鼓励支持龙头企业向前端研发设计、后端营销及产品服务化发展，积极引导中小企业融入大企业生产体系，提高企业间的关联度和集群效应，全力培育区域支撑带动作用突出的产业链和企业集团，引领产业高水平发展。

（二）搭建关键共性技术平台，不断提升制造业创新能力

共性技术平台是促进行业共性技术突破和产业技术革新的关键。十几年来，示范基地始终贯彻落实将提高制造业创新能力作为首要任务的方针，以产业前沿引领技术和关键共性技术研发与应用为核心，打造创新资源集聚、组织运营开放、治理结构多元的综合性产业技术创新平台。示范基地紧密联合社会力量，突破基础技术研发和产品化应用脱节的“瓶颈”，搭建了一批新能源与节能技术、电子信息技术、新材料技术、先进制造技术等领域的关键共性技术平台。河北廊坊经济技术开发区电子信息示范基地与遥感地球所合作共建中科空间信息（廊坊）研究院，采取“研究院＋企业”的运作模式，建设以空间信息技术创新、行

业应用服务和关键技术产业化为主要内容的协同创新平台，建立“北京研发、廊坊转化、全球推广”的协同发展模式。山东淄博高新技术产业开发区新材料产业示范基地与澳大利亚纽卡斯尔大学合作建设了淄博技术转移中心，与上海交通大学建设了淄博先进材料联合研究中心。

（三）强化企业创新主体，提升支柱产业整体竞争力

一是加大技术改革投入力度，不断提高工艺装备水平。马鞍山经济技术开发区等先进示范基地均积极引导支柱产业企业加大技术改造力度，加快淘汰落后产能；加快设备更新改造、工艺流程改进、新产品开发等步伐，不断促进主打产品和核心产品、支柱产业的优化升级。二是提升自主创新能力，不断增创核心竞争力。上海张江、上海漕河泾等先进示范基地均注重转变经济发展方式，提升企业自主创新能力，鼓励企业加强技术研发，积极申请国内外发明专利、实用新型专利、外观设计专利，提高企业核心竞争力。三是推进品牌化战略，不断提高产品质量。东莞松山湖高新技术产业开发区等先进示范基地均积极引导企业增强品牌战略意识，从产品经营向品牌经营转变，加强包装宣传，不断提高品牌知名度和市场占有率。四是加强产学研合作，不断强化智力支撑。上海闵行经济技术开发区、深圳高新技术产业开发区等先进示范基地均积极探索多种形式的产学研合作，搭建院企合作平台，形成以企业为主体、高校和科研院所广泛参与、利益共享、风险共担的产学研合作机制。

（四）“智能 +”赋能传统产业，打造制造业生产服务新模式

近年来，新一代信息技术加速从消费领域向生产领域拓展，示范基

地加快推动互联网、大数据、人工智能同实体经济的深度融合，积极探索智能化生产、协同化制造、个性化定制、服务化延伸等融合发展新模式、新业态，助力传统产业转型升级，为传统行业带来发展新动能。示范基地把智能制造作为两化融合的主攻方向，不断拓展“智能+”，在重点领域建立工业云服务和工业大数据平台，深化工业互联网在制造业的新运用，智能工厂和数字车间建设迈上新台阶，不仅涌现出一批具有示范意义的智能制造项目，更涌现出 COSMOPlat（海尔集团）、树根互联（三一重工）、航天云网（中航科工）等一批具备国际竞争力的工业互联网平台。重庆南岸区电子信息（物联网）产业示范基地成功打造“飞象工程互联网平台”，该平台沉淀了超过 3000 个细分工业领域的解决方案，可服务超过 4000 家企业。上海松江区工业互联网示范基地导入海尔 COSMOPlat 工业互联网创新平台，利用海尔“人单合一”的高端智能制造模式，输出智能制造领域的产品与服务。该平台已经为松江 200 家中小企业提供智能制造诊断、培训服务，部分企业开始使用这一平台在线设计企业产品，变传统“电器”为用户参与制定的“网器”。

（五）加强政府服务主导，完善支柱产业服务体系

一是坚持聚集要素与完善平台相结合，提升产业发展的支撑能力。北京中关村、上海张江等先进示范基地注重建立高能级检验检测中心、信息服务中心等各类技术服务平台，集中建设多个大型原材料市场，加快发展现代物流，为区域支柱产业发展提供更加有力的支撑。二是坚持化解制约与建立机制相结合，促进支柱产业良性发展。苏州工业园区等先进示范基地充分利用土地、税收、信贷等杠杆的调节作用，优先统筹安排重大项目土地指标，探索推进税收与用电量挂钩等税收监管政策，

探索实践各类金融服务的新路子、新方法，建立健全信用担保体系，切实服务好各类大中小企业。三是坚持节能减排与环境优化相结合，打造优质的产业生态环境。上海化学工业园等先进示范基地以污染治理和绿化造林为主线，推动大气、污水排放达标，推动建设点线面结合的绿色生态系统。四是坚持教育引导与服务创新相结合，提高产业科学化管理水平。上海莘庄工业区、苏州工业园区等先进示范基地培育和发展行业协会，为区域支柱产业集群发展提供信息、技术、人才等服务，优化服务资源配置，加快形成适应中小企业发展需要的服务体系；培育支柱产业集群文化，创办各类职业技术学校，培育诚信文化、创新文化、人本文化；组织各种形式的观摩会、座谈会，拓展思维，吸收先进理念，增强企业发展的紧迫感、使命感。

四、国家新型工业化产业示范基地待改进之处

示范基地的蓬勃发展对增强我国工业实力、优化产业结构、促进经济社会发展起到了非常明显的作用。但是，部分（资源获取与整合能力较弱）示范基地在产业层次、产业布局、要素利用效能等方面仍有较大提升空间。

（一）产业层次有待提高

1. 自主创新能力有待提高

一是关键性制造业领域对外依存度显著偏高。尽管示范基地产业技

术水平在全国同行业中处于领先水平，但工业和信息化部对全国 30 多家大型企业 130 多种关键基础材料调研结果显示，制造业所需的关键材料（其中，32% 的关键材料在中国仍为空白，52% 依赖进口）、核心生产装备（80% 的集成电路芯片制造装备、40% 的大型石化装备、70% 的汽车制造关键设备及先进集约化农业装备）仍然依靠进口。二是研发投入强度仍显不足。2020 年，示范基地企业研发经费支出占销售收入的比重为 2.5%（五星级示范基地为 4.2%），而同期韩国、美国、日本、德国工业企业的研发投入强度均超过 3%，示范基地的自主研发投入强度与工业创新强国仍然存在着较大差距（见图 4–6）。

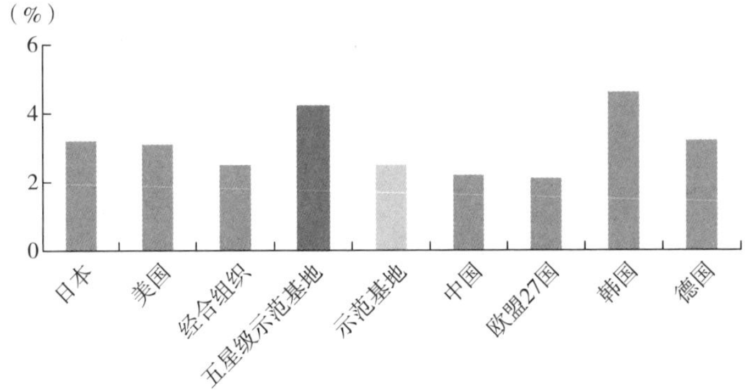

图 4-6　国家新型工业化产业示范基地与全球主要国家和地区研发投入强度对比

资料来源：上海华略智库。

2. 公共服务平台能级亟待提升

公共服务平台功能不完善、发展参差不齐等问题制约了其建设质量和服务水平的提升。同一示范基地内公共服务平台建设缺少统一规划，有限的资源被分散到各个重复建设或盲目建设的非核心用户需求平台，加之多数平台缺乏统一标准和规范管理，致使大量存在的“散”“小”平台仅能覆盖到有限的企业。尽管目前示范基地内公共服务平台数量已经较多（有的多达几十个），也有一些平台随着功能的不断完善和提升已发挥了较强的服务和辐射作用，但在检验检测等行业领域内具备良好软硬件、拥有权威资质、专业化水平高的优秀平台依然缺乏。平台的功能与企业实际需求脱节，研发设计、人员培训、信息服务、公共治污等企业发展急需的服务难以获得示范基地内相关平台的支持。公共服务平台市场化程度较低、公益性和共享性体现不够等问题影响了其可持续发展。一些示范基地运维的公共技术服务平台对仪器设备和人才的要求较高，建设和运维所需的资金投入较大，且尚未探索出适应市场要求的运行模式，当前主要依靠政府扶持维持日常运行。部分由企业运行的公共服务平台过于依附原企业，致使受服务企业对其中立性有所顾虑，导致平台的绝大部分业务和收入仍来自原企业，对行业的公共服务支撑作用难以体现。一些市场化运行平台尚未探索出平台共建共享的利益模式，收费较高等问题尚未解决，平台的公益性和共享性不足。

（二）产业布局有待优化

1. 空间布局不尽合理

目前，示范基地主要集中于沿海沿江等经济相对发达地区，这些地区的土地、排放等资源环境承载能力已趋于饱和，而产业发展较为零散和弱小的中西部地区却拥有大量未得到充分利用的原料、劳动力、能源等优势资源。因此，需要根据地方产业发展特色（如西安、武汉、成都等中西部城市具备较好的发展软件和信息服务业的技术能力和产业基础），加快推进中西部地区新型工业化示范基地的创建、评优工作，充分发挥示范基地在推进产业向中西部地区转移中的作用。

2. 配套的生产性服务业发展不足

当前，部分示范基地仍然以加工制造业为主，区域内生产性服务业发展滞后。为了推动生产性服务业发展，工业设计、工业物流、工业互联网、产业转移合作、大数据等生产性服务业产业示范基地获批后，围绕家电、家具、消费电子、医疗器械等行业，相继形成了包括策略设计、产品设计、制造工程、供应链服务等在内的产业服务体系，有力地促进了传统产业升级改造。但是，我国制造业服务化总体上仍处在起步阶段，面向新型工业化发展所需并为示范基地主导产业服务的生产性服务业（工业设计、产品研发、电子商务服务、物流和信息服务、人才培训、管理咨询等）的服务质量和服务水平依然不足，示范基地生产性服务业与制造业互动发展的格局尚未形成。

（三）要素利用效能有待提升

1. 集约化发展水平有待提升

虽然示范基地集约化发展的整体水平较高，但是结构性矛盾比较突出。从区域结构看，在工业用地指标方面，东部地区示范基地现有土地供应状况普遍难以满足产业发展的需求，中西部地区示范基地仍然存在“圈地”、标准化厂房建设利用不足等土地浪费现象；在单位土地平均产值（销售收入）方面，中西部地区示范基地都不足 4500 万元 / 公顷，与东部地区存在着巨大差距，中西部地区示范基地的土地集约利用水平还有比较大的提升空间。从行业结构看，近年来消费品和原材料等行业领域示范基地的单位土地平均投资强度一直在 4500

万元 / 公顷左右，仅略微高于示范基地授牌的最低入围门槛，单位土地投资强度有待进一步提高。

2. 节能减排力度仍需加大

当前，各示范基地主抓重点企业、产业链重点环节、重点行业节能减排，对中小企业节能减排、上下游产业链协同节能减排、行业间协同节能减排重视不够，节能减排工作的系统性不强。因此，尽管示范基地的单位产值能耗水平及其下降幅度都明显领先于全国平均水平，但相比于美国、日本、德国等发达国家能耗水平，未来减排潜力仍然巨大（见图 4–7）。

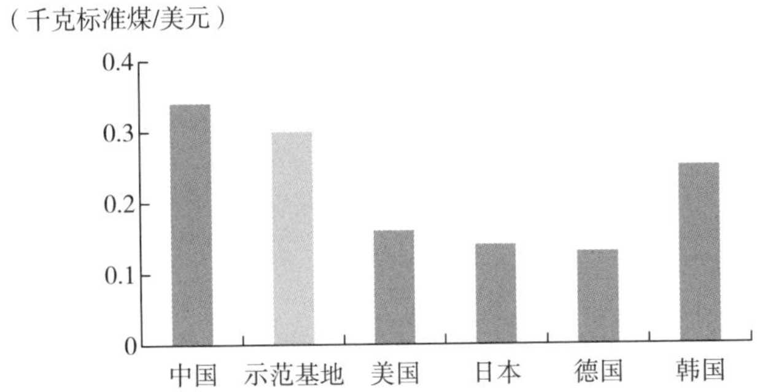

图 4-7 国家新型工业化产业示范基地与主要国家的单位 GDP 能耗

资料来源：上海华略智库。

第五章

2022年国家新型工业化产业示范基地发展情况调查与分析

基于2022年1—4月189个全国示范基地的抽样问卷调查数据，研究发现，示范基地的增长态势和产能利用率普遍优于全国平均水平，表现出一定的经济韧性和活力，但是新冠疫情仍然从投资活力、企业利润、物流成本、原材料价格等多个方面施压，导致约2/3的示范基地利润与上年同期持平或者下降，约1/4的企业订单减少，八成示范基地劳动力和资金周转存在缺口，约半数基地创新投入下降。当前国家新型工业化产业示范基地发展存在的突出问题有：东北地区示范基地韧性较差，与其他地区发展差距可能进一步扩大；创新投入具有顺周期特征，区域创新要素需求差异显著；原材料领域价格快速上涨引发"蝴蝶效应"，中小企业发展仍举步维艰。针对示范基地面临的问题，建议采取以下政策措施：一是加快出台支持新型工业化产业示范基地稳增长相关政策，作为当前稳增长和未来基本实现工业化的重要抓手；二是打通供需循环"堵点""卡点"，解决示范基地当前面临的突出问题；三是加强要素保障，推动资源要素向高质量发展的地区和企业倾斜；四是加大科技创新投入，解决创新能力不足和高端产业发展不充分问题。

一、国家新型工业化产业示范基地的调研基本情况

截至2022年3月，工业和信息化部已分十批批复了445家国家新

型工业化产业示范基地（以下简称示范基地）。为进一步了解各示范基地2022年的最新发展情况，2022年5月，工业和信息化部规划司对示范基地发展情况开展了问卷调查，除了示范基地的行业、地区等基本信息，还搜集了2021年以及2022年1月到4月的整体发展情况、企业经营情况，并提出了对未来的展望和发展建议。截至2022年6月10日，共收回有效问卷189份，从主要指标的答题情况来看，总体质量较高。

从示范基地样本的基本特征来看，此次受访的示范基地覆盖四大经济区域和11个大类行业。从分布行业来看，装备制造业63家，原材料工业38家，消费品工业33家，电子信息产业21家，高技术转化应用16家，软件和信息服务业5家，产业转移合作3家，大数据4家，数据中心2家，工业互联网1家，其他3家（见表5-1）。与全国示范基地的整体行业结构相比，此次受访示范基地的行业分布与其基本一致，具有较好的行业结构代表性。

表5-1 全国示范基地与受访示范基地行业结构比较

行业分类	全国样本		受访样本	
	数量（家）	占比（%）	数量（家）	占比（%）
装备制造业	120	26.97	63	33.33
原材料工业	95	21.35	38	20.11
消费品工业	75	16.85	33	17.46
电子信息产业	52	11.69	21	11.11
高技术转化应用	39	8.76	16	8.47
软件和信息服务业	18	4.04	5	2.65
产业转移合作	4	0.90	3	1.59
大数据	12	2.70	4	2.12
数据中心	11	2.48	2	1.06
工业互联网	8	1.80	1	0.53
其他	11	2.47	3	1.59
合计	445	—	189	—

从受访示范基地分布区域看，东部地区共76家，占40.21%；中部地区46家，占24.34%；西部地区37家，占19.58%；东北地区30家，占15.87%（见图5-1）。从全国示范基地的区域分布看，东部、中部、西部、东北地区的占比分别为43.37%、20.45%、27.42%和8.76%，整体偏差不大，基本保证了调研结论的可靠性。

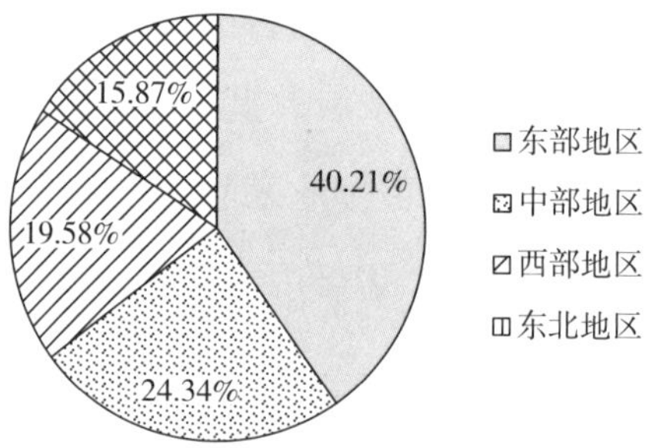

图5-1　受访示范基地的区域分布情况

资料来源：根据调查问卷制图，本章图表均来源于调查问卷，下同。

二、国家新型工业化产业示范基地的调研结果分析

（一）总体增长情况

1.受访示范基地工业增加值增速快于全国，延续上年领涨态势

2021年158家[①]示范基地工业增加值达38140.79亿元，同比增长12.15%，高出2021年全国规模以上工业增加值同比增速2.55个百分点。2022年1—4月158家受访示范基地工业增加值为12287.57亿元，

① 在受访的189个示范基地中，共有158个示范基地提供了完整的工业增加值数据，故此处样本量为158。

同比增长 6.63%，高出同期全国规模以上工业增加值同比增速 2.63 个百分点，比 2021 年提高 0.08 个百分点（见图 5-2）。

从具体情况看，2022 年 1—4 月 82.91% 的受访示范基地工业增加值实现正增长，其中 24.05% 的受访示范基地工业增加值增速高于全国水平，但仍有 17.09% 的受访示范基地工业增加值为负增长。2021 年工业增加值实现正增长的示范基地占比为 94.30%，但到 2022 年 1—4 月，这一数量缩减至 131 家。此外，与 2021 年相比，尽管受疫情影响，2022 年 1—4 月工业增加值增速上升的受访示范基地共 38 家，占受访基地的 24.05%，展现出强大的经济增长韧性。

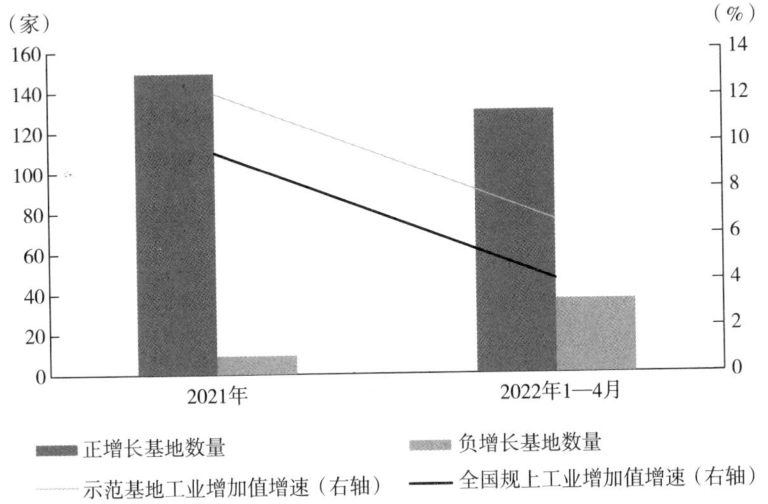

图 5-2　2021—2022 年前 4 个月样本示范基地与全国规模以上工业增加值增速走势

2. 固定资产投资同比下降约两成，新冠疫情导致大项目数量减少

在 189 家受访示范基地中，2022 年 1—4 月工业固定资产投资与上年同期相比增长 30% 以上、10%~30% 以及 10% 以内的受访示范基地的占比分别为 13.76%、26.46%、23.28%；15.34% 的示范基地工业固定

资产投资与上年同期持平。与全国工业投资平均增速（12.7%）相比，约四成的示范基地处于领先水平。与此同时，21.16% 的示范基地工业固定资产投资与上年同期相比下降，其中 11.11% 的示范基地降幅超过 10%（见图 5-3）。根据问卷调查的主观因素统计，固定资产投资下降的主要原因是新冠疫情影响项目进展（82.61%）、大项目数量有所减少（59.42%）以及外部环境不稳定影响投资信心（55.07%），如图 5-4 所示。

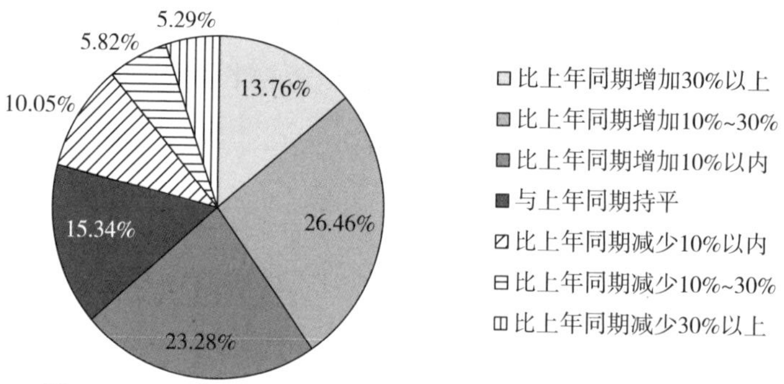

图 5-3　2022 年 1—4 月受访示范基地工业固定资产投资情况

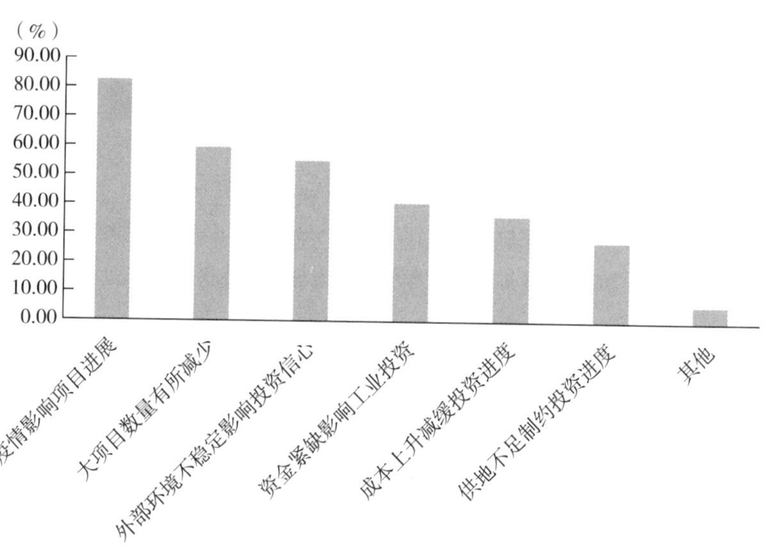

图 5-4　2022 年 1—4 月受访示范基地工业固定资产投资下降原因

3. 绝大部分受访示范基地产能利用率超过 70%，高于全国平均水平

从产能利用率来看，近九成（86.77%）的受访示范基地产能利用率超过了 70%，其中产能利用率为 80%~90% 的示范基地占比达到 37.04%，数量最多（见图 5-5）。据统计，2022 年第一季度全国工业产能利用率为 75.8%。由此可见，绝大多数受访示范基地的产能利用率超过了全国平均水平。

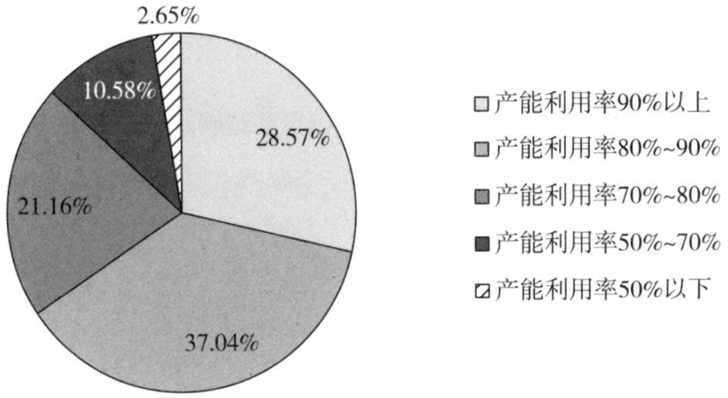

图 5-5　2022 年 1—4 月受访示范基地产能利用情况

4. 约 2/3 的受访示范基地主导产业利润与上年同期相比基本持平或下降，原材料价格上涨是影响利润的主要因素

34.92% 的受访示范基地主导产业 2022 年 1—4 月的利润与上年同期相比有所增长，其中增长 10% 以内、增长 10%~20%、增长 20% 以上的占比分别为 21.69%、6.88%、6.35%；21.69% 的示范基地主导产业的利润与上年同期相比基本持平；另有 43.39% 的示范基地主导产业的利润与上年同期相比下降（见图 5-6）。

针对 123 家主导产业利润同比持平或下降的示范基地，进一步询问其利润下降的主要原因，73.17% 的示范基地认为是原材料或上游产品价格增长，52.03% 的示范基地认为是市场订单减少，46.34% 的

示范基地认为是供应链不稳定，19.51% 的示范基地认为是创新投入不足，产品附加值偏低，约 20% 的示范基地认为是企业资金周转困难（见图 5-7）。

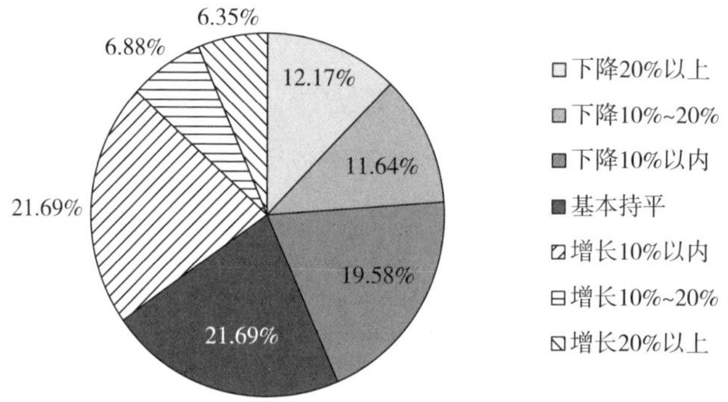

图 5-6　2022 年 1—4 月受访示范基地利润变化情况

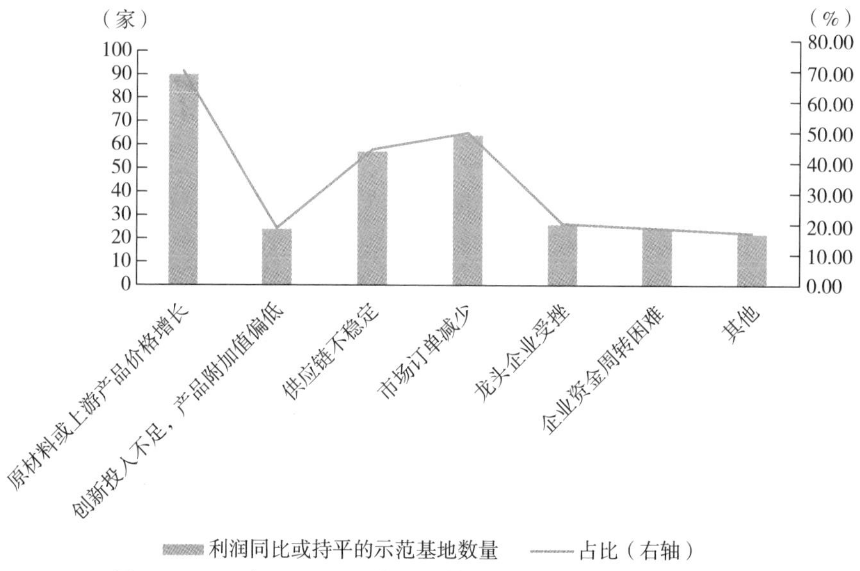

图 5-7　2022 年 1—4 月利润同比持平或下降示范基地原因分析

5. 主导产业普遍受新冠疫情冲击，1/4 企业订单减少，物流不畅、供应商涨价为主因

从问卷调查结果看，所有受访示范基地都受到新冠疫情的影响。具

体来看，60.85% 的示范基地认为新冠疫情的影响较小，生产经营基本稳定；32.28% 的示范基地认为新冠疫情影响较大，生产经营勉强维持；认为新冠疫情影响很大和严重影响的示范基地占比较小（见图 5-8）。

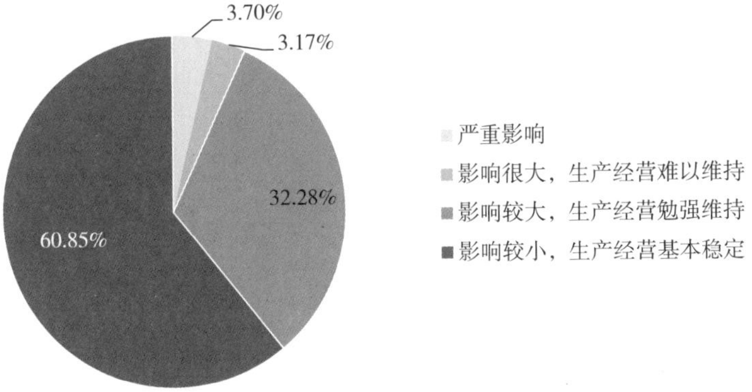

图 5-8　2022 年 1—4 月受访示范基地受新冠疫情影响情况

从订单情况来看，企业订单数与上年同期持平（25.40%）及减少 10% 以内（24.34%）的占比较高，两者合计占接近 50%，表明市场需求继续走低，2022 年 1—4 月企业订单承压较大（见图 5-9）。

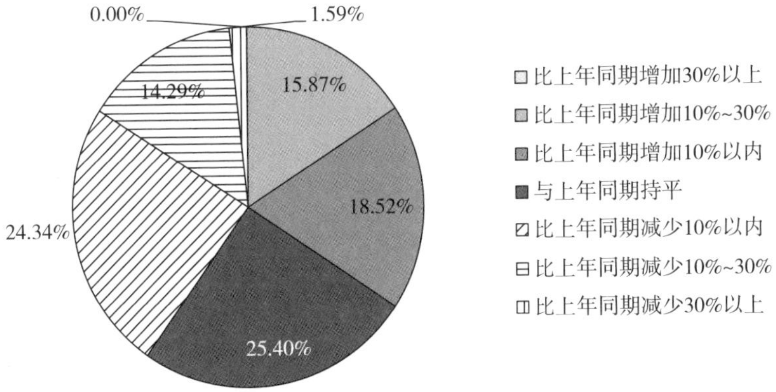

图 5-9　2022 年 1—4 月受访示范基地企业订单变化情况

与此同时，受访示范基地反映，在新冠疫情反复等多重压力影响下，国内货运物流不畅（55.56%）、国际物流不畅（44.44%）以及上游供应商涨价（54.50%）是影响示范基地主导产业发展的主要因素（见图 5-10）。对于订单减少的示范基地，反映订单承压主要原因集中在国内物流不畅（29.63%）、国内订单需求减少（29.10%）、产业链供应链不畅（23.28%）等方面。

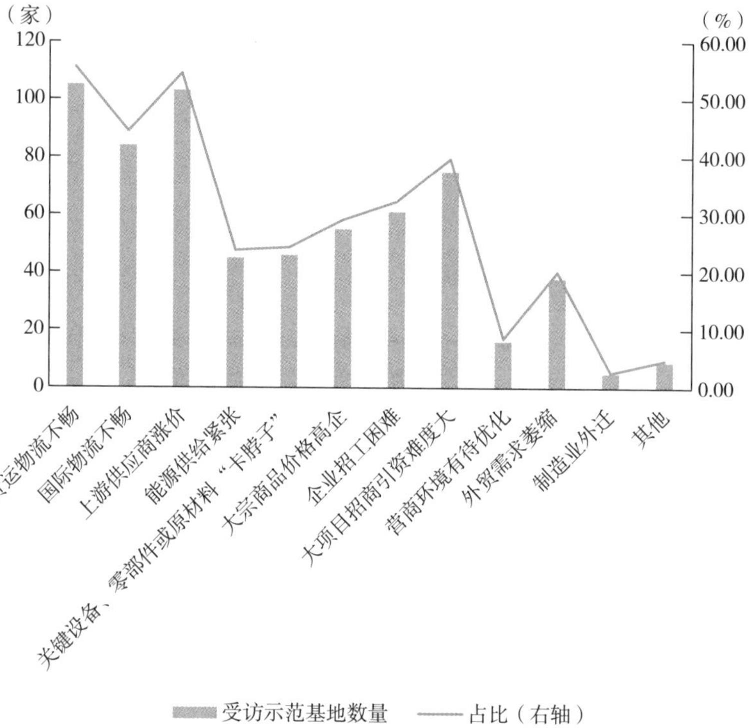

图 5-10 2022 年 1—4 月受访示范基地受新冠疫情影响的作用渠道

综上，从总体增长情况看，2022 年 1—4 月受访示范基地的增长态势和产能利用率普遍优于全国平均水平，表现出一定的经济韧性和活力；但是新冠疫情仍然从投资活力、企业利润、物流成本、原材料价格等多个方面施压，导致约 2/3 的示范基地利润与上年同期相比持平或者下降，约 1/4 的企业订单减少。

（二）生产要素配置情况

1. 近半数企业用工人数与上年基本持平，八成企业普遍存在用工需求缺口，紧缺人才主要是研发人才和熟练技术工人

问卷就受访示范基地用工人数进行了调查，发现超过四成（44.44%）企业用工人数与上年同期相比基本持平，升幅和降幅在 10% 以内的企业占比分别为 22.22%、25.93%，另有 7.41% 的企业降幅超过 10%（见图 5–11）。可见，在受访示范基地中，员工就业情况整体相对平稳，没有出现大规模裁员导致员工失业的情况。

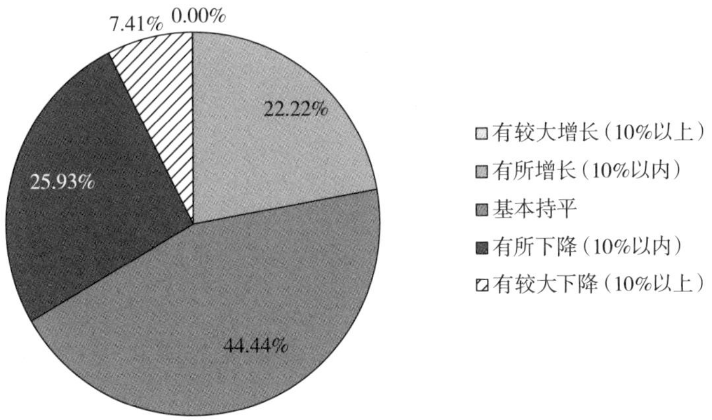

图 5-11 2022 年 1—4 月受访示范基地企业用工人数情况

人力资本是示范基地进行生产经营活动的重要投入，调查发现 81.48% 的企业存在用工需求缺口，其中缺口在 10% 以内的企业占比为 72.48%，缺口为 10%~20% 和 20% 以上的企业占比分别为 6.35%、2.65%（见图 5–12），由此可见，受访示范基地普遍存在劳动力紧缺问题。

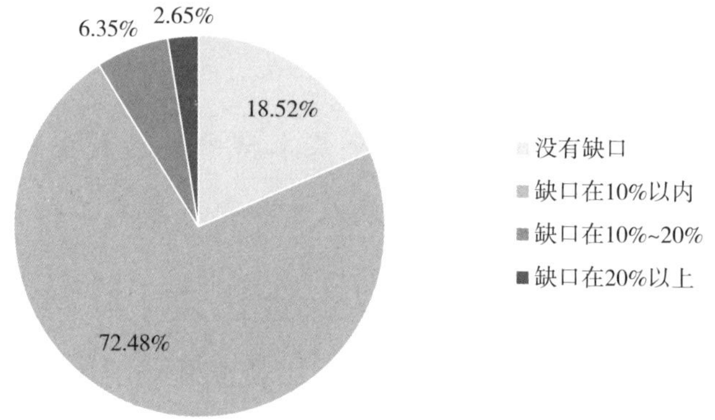

图 5-12　2022 年 1—4 月受访示范基地企业用工需求情况

通过问卷进一步了解紧缺人才的类型，受访示范基地企业表示，紧缺人才主要为研发人才（70.37%）和熟练技术工人（70.37%），紧缺人才为管理人才和普通工作人员的占比分别为 29.63%、37.04%（见图 5-13）。

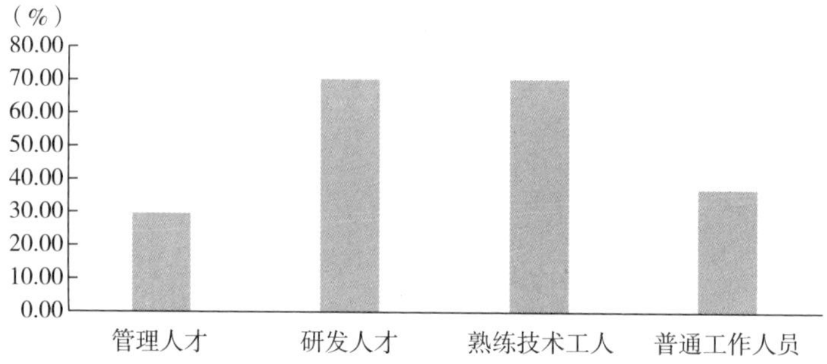

图 5-13　2022 年 1—4 月受访示范基地企业人才紧缺情况

2. 八成受访示范基地企业存在资金周转问题，资金紧张的主要原因是原材料涨价过快

示范基地和企业的运转离不开金融资本的支持。在资金方面，调查显示 79.89% 的示范基地企业存在资金周转问题，其中预计内部企业 10% 以上存在资金周转问题、30% 以上存在资金周转问题、50% 以上存在资金周转问题的示范基地，占比分别为 66.14%、10.58% 和

3.17%（见图 5–14）。根据调查问卷结果统计，企业资金紧张的主要原因是原材料涨价过快，占比高达 75.13%，此外劳动力成本上升（52.38%）和回款周期变长（50.79%）也是导致企业资金紧张的重要原因（见图 5–15）。

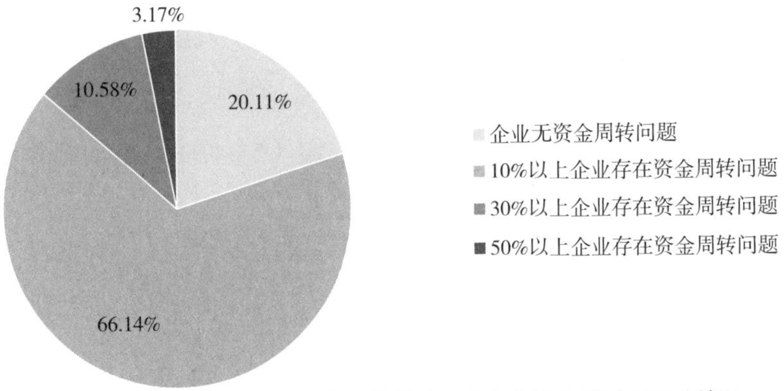

图 5-14　2022 年 1—4 月受访示范基地企业存在资金周转问题的情况

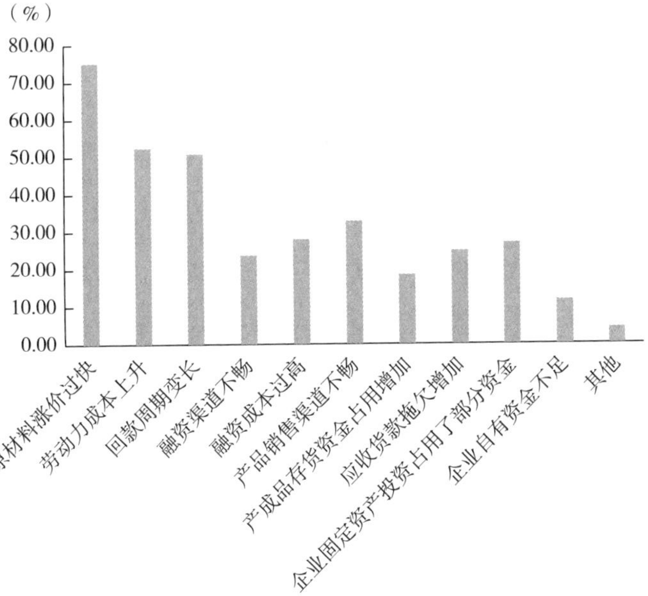

图 5-15　2022 年 1—4 月受访示范基地企业出现资金周转问题的原因

3. 超半数基地创新投入下降，高端研发人才缺乏，市场预期转弱、创新计划放缓是主要原因

近年来，示范基地的企业作为创新主体和创新载体蓬勃发展，营造了良好的创新生态，是各地区技术创新的引领者。但是通过本地调查，受访示范基地中，共有 101 家示范基地的创新投入出现了下降，占比超过半数（53.44%）。创新投入下降的示范基地反映，高端研发人才缺乏（57.43%），市场预期转弱、创新计划放缓（53.47%）是创新投入下降的主要原因（见图 5-16）。

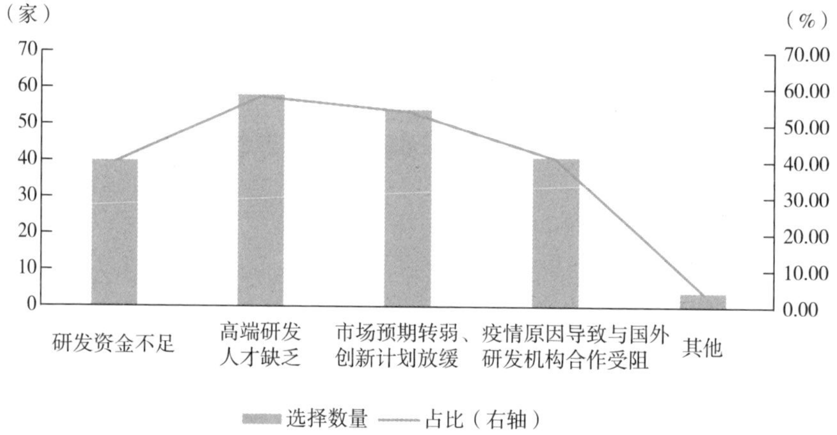

图 5-16　2022 年 1—4 月受访示范基地创新投入下降原因分析

综上，2022 年的调查问卷显示，八成示范基地劳动力和资金周转存在缺口，超半数基地创新投入下降，说明示范基地在发展过程中，核心生产要素的配置不足。每一个经济部门都要完成要素投入、要素转化、价值创造、价值分配的过程。从生产要素角度看，造成示范基地创新投入总体增速下降、效益降低的原因可以归结为投入要素紧缺，尤其是高端的要素资源，例如研发型人才、技能型的熟练工人以及创新研发的资本等。

（三）区域差异性比较

1. 从区域增长情况看，中部、西部地区受访示范基地增长稳定，东北、东部地区示范基地受新冠疫情冲击明显

在158家受访示范基地中，2022年1—4月，东部、中部、西部、东北地区示范基地工业增加值同比增速分别为6.95%、9.38%、8.95%、-0.06%（见图5-17）。其中，东部地区和东北地区示范基地增速较2021年降幅明显，分别下降6.25个和9.31个百分点。

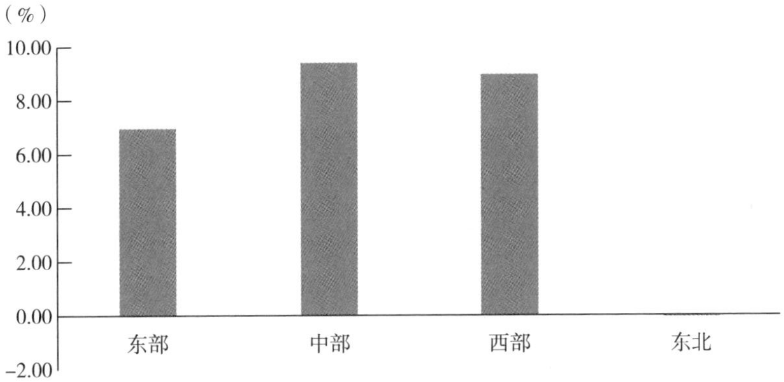

图5-17　2022年1—4月四大区域示范基地工业增加值同比增速

2. 从区域投资情况看，中部、西部地区的受访示范基地工业固定资产投资表现较为抢眼，而东北地区表现欠佳

东部地区示范基地工业固定资产投资与上年同期相比，增加、持平、减少的比重分别为55.26%、21.05%、23.68%；中部地区增加、持平、减少的比重分别为78.26%、10.87%、10.87%；西部地区增加、持平、减少的比重分别为83.78%、8.11%、8.11%；东北地区增加、持平、减少的比重分别为36.67%、16.67%、46.67%（见图5-18）。四大区域内

工业固定资产投资与上年同期相比持平或减少的示范基地普遍认为，疫情影响项目进展是造成这一结果的主要原因。

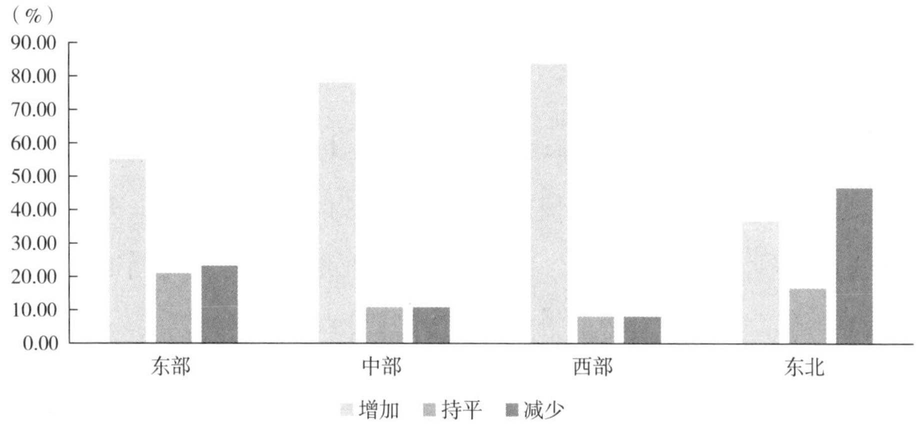

图 5-18　2022 年 1—4 月四大区域示范基地固定资产投资情况

3. 从区域产能利用情况看，东北地区示范基地产能利用率有待进一步提升

受访示范基地中，东部地区产能利用率为 80%~90% 的占比最高，达到 35.53%；中部地区产能利用率为 90% 以上的占比最高，达到 45.65%；西部地区产能利用率为 80%~90% 的占比最高，达到 45.95%；东北地区产能利用率为 70%~80% 的占比最高，达到 36.67%（见图 5-19）。由此可见，东北地区产能利用率有待进一步提升。

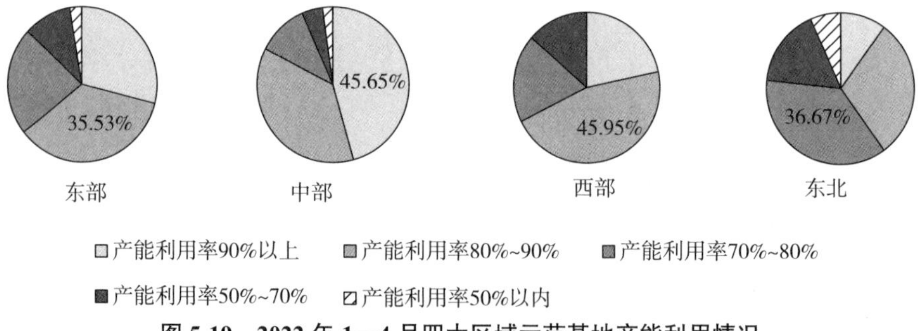

图 5-19　2022 年 1—4 月四大区域示范基地产能利用情况

4. 从区域主导产业利润情况来看，中部地区受访示范基地的利润欠佳

在利润上升的66个受访示范基地中，东部、中部、西部、东北地区的占比分别为28.79%、13.64%、31.82%、25.76%，西部地区的表现最为抢眼，中部地区处于相对弱势（见图5-20）。东部（61.40%）、中部（82.76%）、西部（93.75%）以及东北地区（76.19%）的受访示范基地普遍认为，原材料或上游产品价格增长是主导产业利润下降的主要原因。

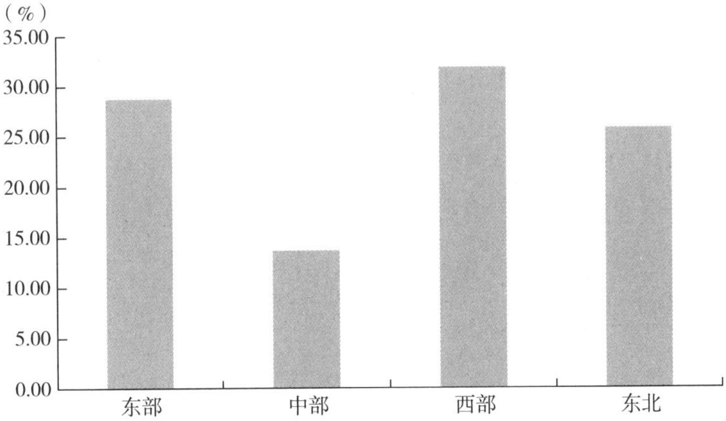

图5-20　2022年1—4月四大区域主导产业利润上升示范基地占比情况

5. 从区域生产要素配置情况来看，中部和西部受访示范基地用工缺口大，资金周转困难，东北地区受访示范基地创新投入降幅最大

从区域企业用工情况来看，东部地区（46.05%）、西部地区（59.46%）及东北地区（50%）的受访示范基地企业用工人数与上年同期相比表现为基本不变，中部地区（50%）的企业用工人数与上年同期相比有所增长（10%以内）。所有地区都存在用工需求缺口，其中中部、西部地区相对突出，占比分别为86.96%、86.49%（见图5-21）。从紧缺人才类型来看，东部和中部地区最为紧缺的人才均为研发人才，

占比分别为 77.63%、76.09%，西部和东北地区最为紧缺的则是熟练技术工人，占比分别为 86.49%、66.67%。

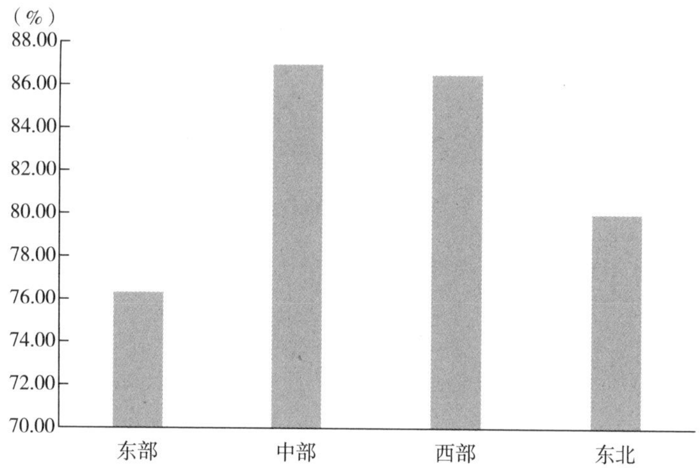

图 5-21　2022 年 1—4 月四大区域示范基地企业用工需求缺口占比情况

从区域企业资金周转情况来看，西部地区示范基地企业存在资金周转问题的占比最高，达 91.89%；东部地区占比最低，为 67.11%；中部、东北地区的占比分别为 86.96%、86.67%（见图 5-22）。造成东部、中部、西部以及东北地区企业资金紧张的主要原因均为原材料涨价过快。

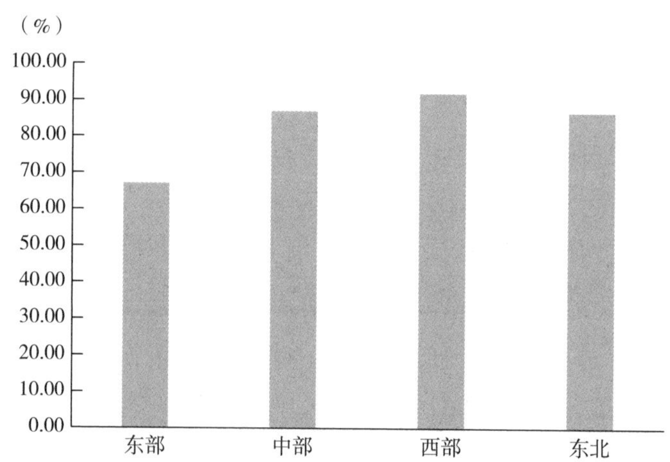

图 5-22　2022 年 1—4 月四大区域示范基地企业存在资金周转问题的占比

从区域创新投入情况看，东北地区创新投入相对不足。具体来看，东部、中部、西部以及东北地区创新投入下降的示范基地占各区域示范基地总数的比重分别为 47.37%、45.65%、62.16%、70.00%（见图 5-23）。从原因来看，东部地区 72.22% 的受访示范基地认为市场预期转弱、创新计划放缓是创新投入下降的主要原因，中部地区（52.38%）、西部地区（69.57%）以及东北地区（61.90%）的示范基地均认为高端研发人才缺乏是影响创新投入的最主要因素。

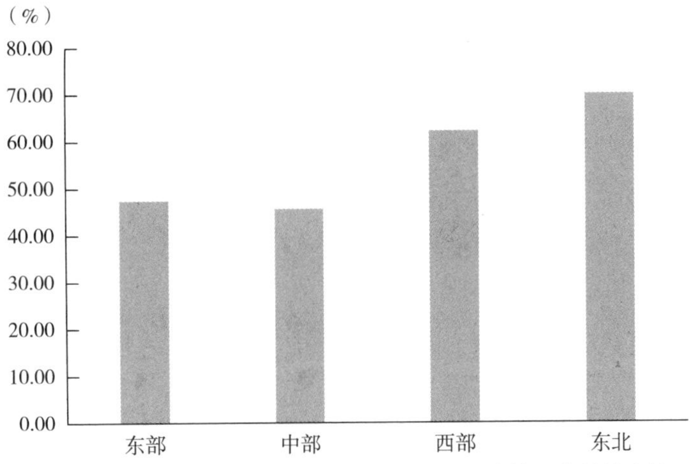

图 5-23　2022 年 1—4 月四大区域创新投入下降的示范基地占比

6. 从区域企业订单情况来看，东部和东北地区受访示范基地企业订单承压较大，新冠疫情导致物流不畅是主因

东部及东北地区受访示范基地企业承压相对较大，订单同比持平及减少 10% 以内的占比分别达到 51.32%、63.33%；中西部地区企业订单状况良好，同比持平及增加 10% 以内的占比分别达到 36.96%、54.05%。订单减少的原因，东部地区主要是国际订单减少（36.84%），中部地区主要是国内货运物流不畅影响销售

（26.09%），西部地区主要是产业链供应链不畅导致产能无法充分利用（32.43%），东北地区主要是国内订单需求减少和国内货运物流不畅影响销售（30%）。

从受新冠疫情影响情况看，东部地区（63.16%）、中部地区（65.22%）、西部地区（62.16%）均有超过六成的受访示范基地认为疫情的影响较小，生产经营基本稳定，东北地区也有超过四成（46.67%）的受访示范基地认为疫情的影响较小（见图 5-24）。各区域的受访示范基地普遍认为，国内货运物流不畅是影响示范基地主导产业发展的主要因素。

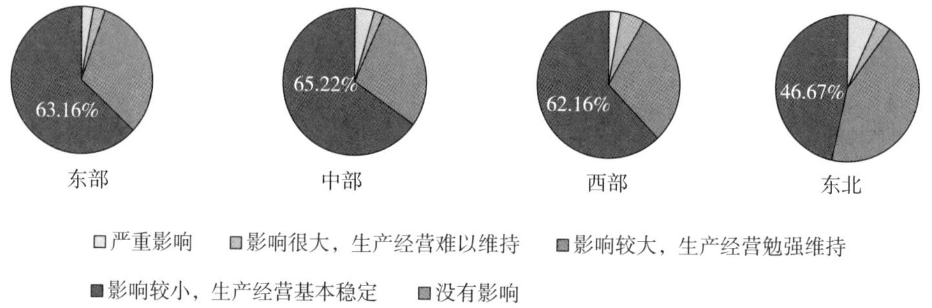

图 5-24　2022 年 1—4 月四大区域受新冠疫情影响情况

7. 从区域龙头企业生产经营状况看，不同区域差异较大

“景气”和“良好”、生产经营下滑的占比，东部地区分别为 43.42%、30.26%，中部地区分别为 58.70%、23.91%，西部地区分别为 67.57%、18.92%，而东北地区“景气”和“良好”占比（26.67%）较低，生产经营下滑的占比（46.67%）较高（见图 5-25）。虽然龙头企业整体生产经营状况较好，但是中小企业发展却面临较大的困境。问卷调查显示，东部地区中 71.05%、东北地区中 73.33% 的中小企业反映疫情导致生产经营受阻，主要原因是原材料价格上涨引

发生产成本提高。

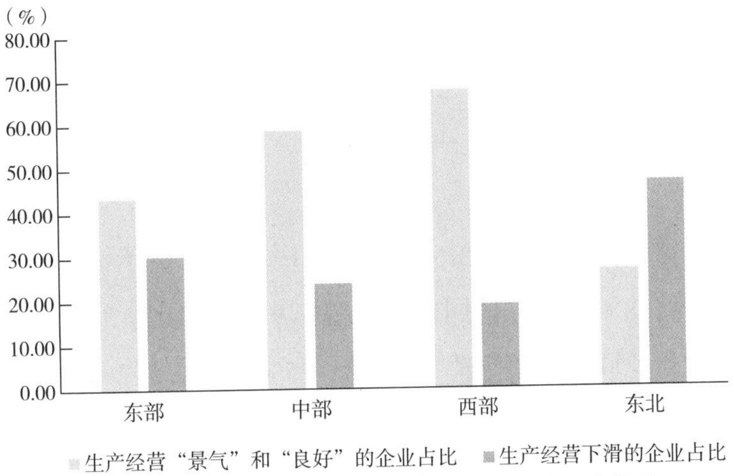

图 5-25 2022 年 1—4 月四大区域龙头企业生产经营状况

综上，从四大区域发展情况看，东部地区示范基地的工业增加值保持了较高的增速，但是与上年同期相比降幅明显，整体投资水平偏弱，产能利用率尚可，约 1/4 的企业利润上升，用工和资金缺口压力相对较小；但是受新冠疫情影响，国际订单明显减少，导致企业对未来生产经营的预期不佳。中部和西部地区受访示范基地的工业增加值增速平稳，固定资产投资表现较为抢眼；但是利润方面表现欠佳，面临严重的用工缺口和资金周转压力，受疫情影响，国内货运物流不畅、原材料价格上涨等导致其生产经营困难。东北地区受访示范基地的整体表现较差，工业增加值处于负增长状态，且与上年同期相比下降近 10%，固定资产投资疲软，产能利用率低，超过八成的示范基地面临资金周转问题，七成示范基地的创新投入占比下降，近五成区域龙头企业生产经营效益下滑。

（四）行业差异性比较

1. 从行业增长情况看，电子信息行业与软件和信息服务行业工业增加值增速明显领先于示范基地平均水平（6.63%），数据中心与工业互联网行业降幅最大

在 158 家受访示范基地中，2022 年 1—4 月，电子信息行业与软件和信息服务行业工业增加值同比分别增长 9.92%、10.75%，而数据中心、工业互联网行业同比分别下降 39.55%、25%（见图 5-26）。作为“新基建”的新兴行业代表，由于本次调查仅涵盖 2 家数据中心的示范基地、1 家工业互联网的示范基地，因此可能受到个别有偏样本的影响导致统计偏差，但从全国趋势来看，由于整体经济形势略显疲软，政府财政收入有所下降，相应的新兴产业基地发展可能遭受较大冲击。

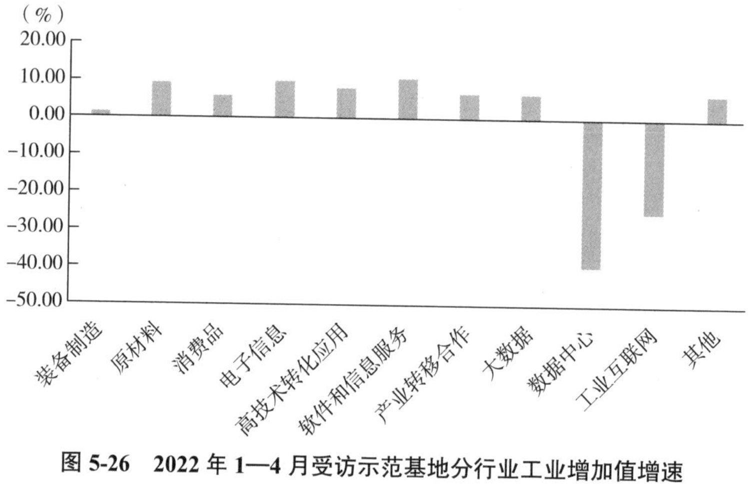

图 5-26　2022 年 1—4 月受访示范基地分行业工业增加值增速

2. 从行业投资情况看，除个别行业外，大多数行业中工业固定资产投资与上年同期相比呈增长态势

具体来看，受访示范基地数量占比前三的行业（装备制造、原材

料、消费品）中，装备制造固定资产投资与上年同期相比增加的示范基地占比为66.67%；原材料增加的示范基地占比为73.68%；消费品增加的示范基地占比为45.45%（见图5–27）。其他行业固定资产投资与上年同期相比，大多有不低于50%的增长。

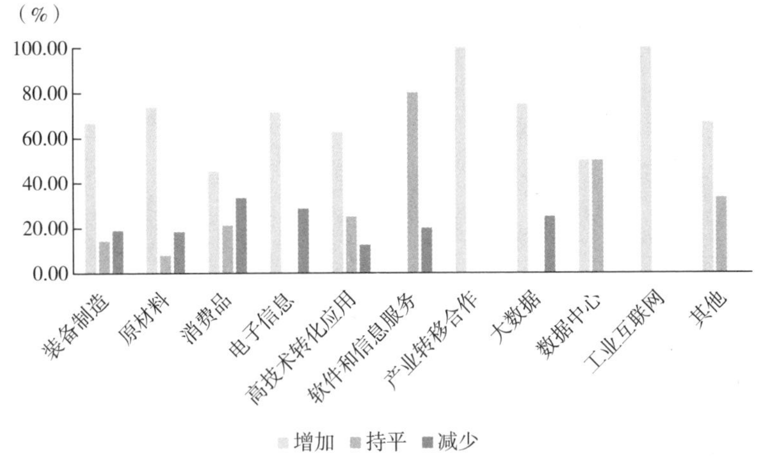

图5-27　2022年1—4月受访示范基地11大行业固定资产投资与上年同期相比情况

3. 从行业产能利用情况看，不同行业差异性较大

装备制造、原材料、消费品三大行业在受访示范基地的数量中约占70%。以这三大主导产业为例，装备制造类的示范基地产能利用率表现一般，90%以上的占23.81%，80%~90%的占34.92%，70%~80%的占28.57%；原材料类的示范基地产能利用率总体较高，90%以上的占34.21%，80%~90%的占39.47%，70%~80%的占15.79%；消费品类的示范基地产能利用率参差不齐，90%以上的占36.36%，80%~90%的占27.27%，70%~80%的占27.27%。其他行业，如电子信息、高技术转化应用、软件和信息服务类的产业基地，大部分产能利用率为80%~90%。数据中心和工业互联网类的示范基地产能利用率最低，产能利用率为50%~70%（见图5–28）。整体来看，

受原材料和大宗商品价格上涨的影响，原材料行业的企业普遍满负荷运营。装备制造作为主体行业，整体产能利用率维持在75%以上，与全国平均水平一致。消费品类的企业，如纺织、轻工、食品、医药，受新冠疫情影响，订单尤其是国际订单减少，产能利用率并不高；部分有竞争性的产业示范基地产能利用率较高，但部分示范基地产能利用率下降。

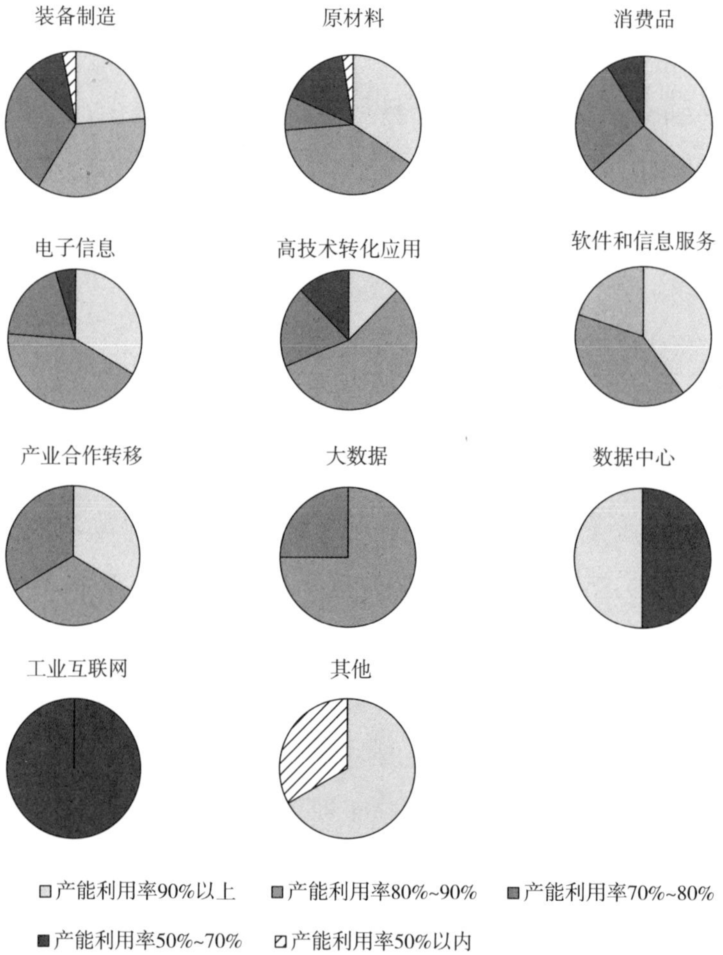

图 5-28　2022 年 1—4 月受访示范基地 11 大行业产能利用情况

4. 从行业利润情况看，大部分行业利润下降

从图 5-29 中可以看出，利润上升企业占比最高的是大数据行业（75%），其次是原材料行业（60.53%）和数据中心（50%）。粗略估计，一半及以上企业利润上升就代表行业盈利情况较好，若利润上升的占比较低，则说明行业盈利情况欠佳。从调查统计来看，除了原材料、大数据、数据中心类利润上升的企业占比超过 50%，其他行业，如装备制造类利润上升的占比仅为 23.81%，消费品类利润上升的占比仅为 24.24%，均不足 1/4，可见虽然各大行业利润情况不尽相同，但大部分企业利润并未上升。进一步问卷调查显示，原材料或上游产品价格增长是主导产业利润下降的主要因素。

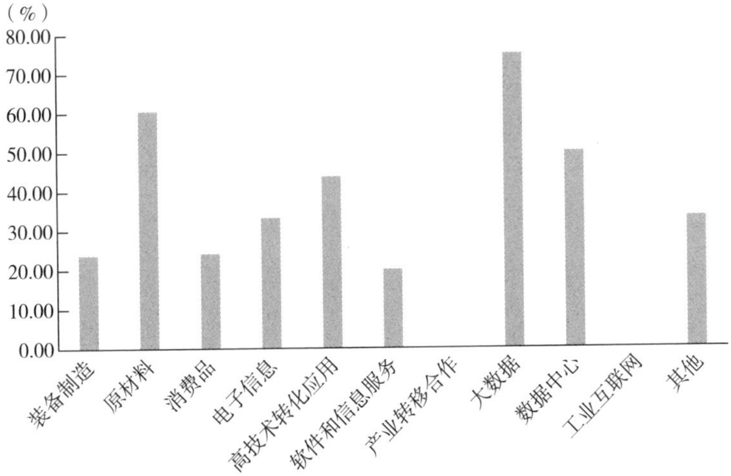

图 5-29 2022 年 1—4 月受访示范基地分行业主导产业利润上升占比情况

从示范基地的行业龙头企业生产经营状况看，近七成装备制造行业企业利润持平或下滑。除工业互联网外，装备制造业龙头企业经营状况与上年同期相比持平和下滑合计比例最高，占比为 68.25%，原材料工业龙头企业经营状况与上年同期相比持平和下滑合计比例最低，占比为 21.05%（见图 5-30）。

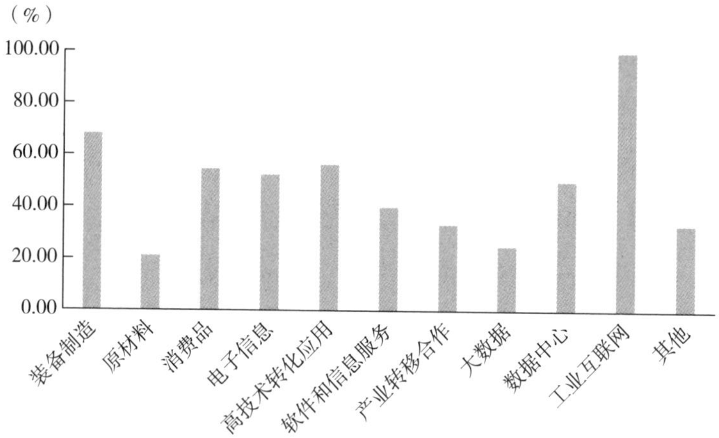

图 5-30　2022 年 1—4 月受访示范基地分行业龙头企业生产经营状况与上年同期相比持平和下滑合计比例

5. 在生产要素的配置方面，除原材料行业外，大部分行业存在摩擦性失业导致的用工缺口问题，示范基地中 10% 以上的企业存在资金周转问题，创新投入出现不同程度的下降

从行业企业用工情况看，装备制造业、消费品行业、电子信息行业用工人数下降的比例超过 30%，说明存在一定的失业问题。不过，整体来看，多数行业企业用工人数与上年同期相比持平的占比最大，如 55.26% 的原材料工业企业用工人数持平，45.45% 的消费品工业企业用工人数持平（见图 5-31）。虽然存在失业问题，但主要是市场机制下信息不对称导致的摩擦性失业。调查发现，用工人数下降的行业大部分表示存在约 10% 的用工缺口。例如，76.19% 的装备制造业企业、73.68% 的原材料工业企业以及 54.55% 的消费品工业企业用工需求缺口均在 10% 以内（见图 5-32）。同时，从调研结果看，绝大多数行业紧缺人才主要集中在研发人才和熟练技术工人两大领域。

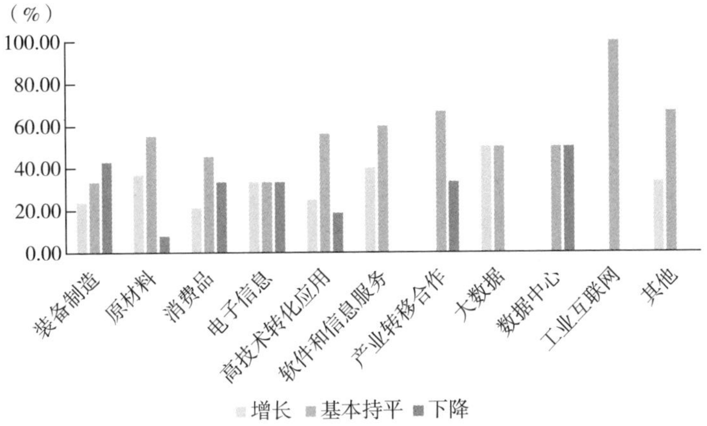

图 5-31　2022 年 1—4 月受访示范基地分行业企业用工情况

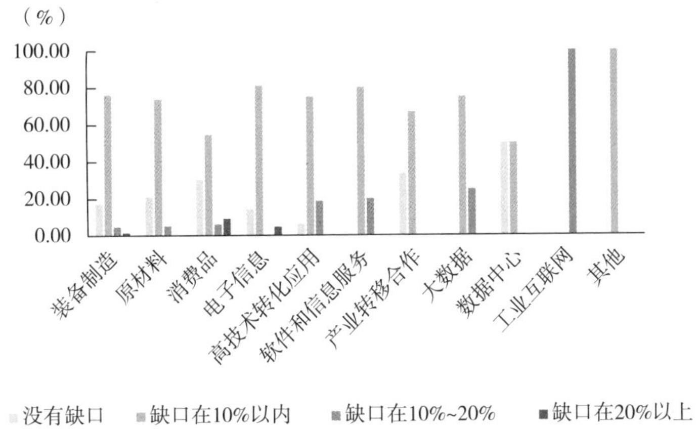

图 5-32　2022 年 1—4 月受访示范基地分行业企业用工缺口情况

从行业企业资金周转情况看，10% 以上企业存在资金周转问题的示范基地占比最多（见图 5–33）。各个行业普遍认为，原材料涨价过快是造成企业资金紧张的主要原因。

绝大多数行业的创新投入出现了不同程度的下降，仅有个别行业未下降。其中，装备制造、原材料、消费品、电子信息、高技术转化应用以及软件和信息服务业创新投入下降的占比分别为 57.14%、50.00%、51.52%、57.14%、43.75%、40.00%，此外，受访的产业转移合作、数据中心以及工业互联网行业示范基地创新投入均下降（见图 5–34）。综合各个行业的情况，高端研发人才缺乏、市场预期转弱、创新计划放缓是造成创新投入下降的主要原因。

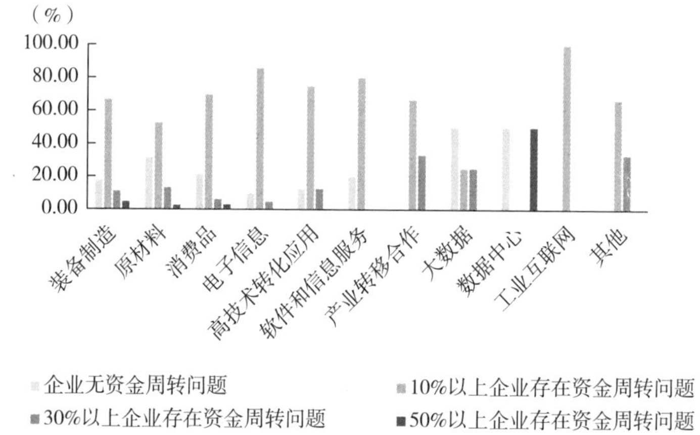

图 5-33　2022 年 1—4 月受访示范基地分行业企业资金周转情况

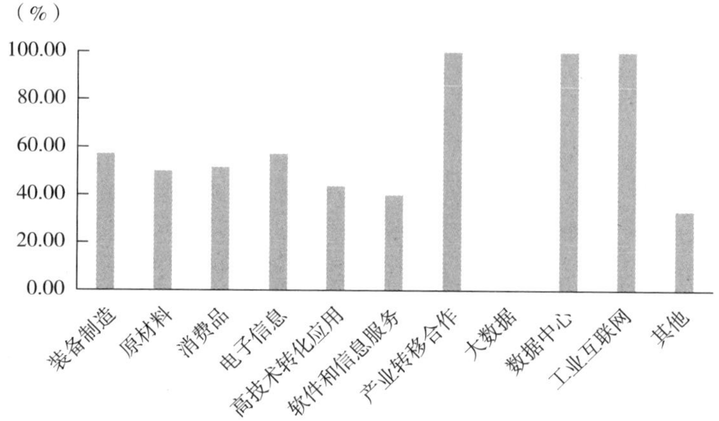

图 5-34　2022 年 1—4 月受访示范基地分行业创新投入下降示范基地占比

6. 从行业企业订单看，原材料行业订单增加，其他行业订单普遍比上年同期减少

具体来看，受访示范基地数量占比前三的行业中，装备制造业和消费品工业企业订单与上年同期相比减少的占比较多，分别为 49.21% 和 42.42%；原材料工业企业订单与上年同期相比增加的占比较多，为

42.11%（见图 5–35）。各类行业普遍认为，订单承压的主要原因是国内物流不畅、国内订单需求减少等。

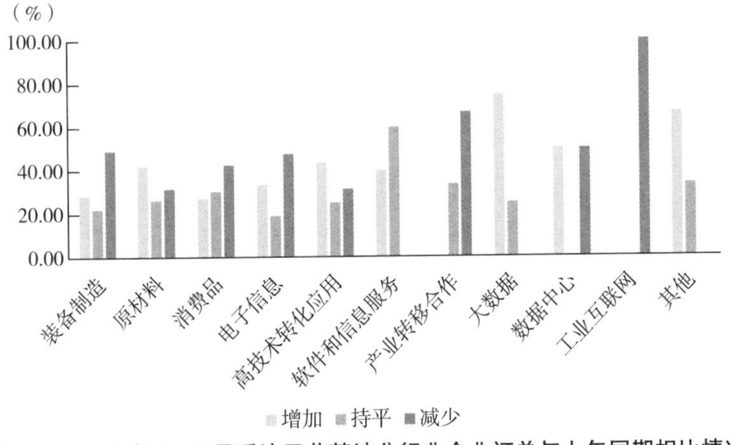

图 5-35　2022 年 1—4 月受访示范基地分行业企业订单与上年同期相比情况

7. 各个行业普遍反映新冠疫情对示范基地的发展产生了影响，约五成的装备制造企业受影响较大，生产经营困难

以示范基地行业占比最大的三大行业为例。装备制造业类的示范基地中，有 5% 表示有严重影响；6% 表示影响很大，生产经营难以维持；41% 表示影响较大，生产经营勉强维持；48% 表示影响较小，生产经营基本稳定；所有企业都否认了没有影响。原材料类的示范基地中，有 3% 表示有严重影响；26% 表示影响较大，生产经营勉强维持；71% 表示影响较小，生产经营基本稳定；所有企业都否认了没有影响。消费品类的示范基地中，有 3% 表示有严重影响；3% 表示影响很大，生产经营难以维持；33% 表示影响较大，生产经营勉强维持；61% 表示影响较小，生产经营基本稳定；所有企业都否认了没有影响（见图 5–36）。总体来看，在新冠疫情冲击下，不同行业由于要素禀赋、产业链复杂度、产品需求弹性的差异，表现出了不同的抗风险能力。装备制造业普遍依赖资本、

劳动力，产品复杂度高，供应链较长，需要物流业的保障，因而受到较强的冲击。有半数以上的装备制造类示范基地表示影响较大、影响很大、严重影响，生产经营勉强维持甚至难以维持。消费品类工业的特征是依赖劳动力，产品复杂度不高，产业链较短，具有一定的区域性分布特征，但是具有较大的产品需求弹性，在中国规模庞大的市场的支撑下，虽然有一定程度的消费降级趋势，但整体依然保持相对稳定。消费品类的示范基地中，有 61% 表示影响较小，生产经营稳定；不过依然有 39% 表示影响较大，生产经营困难。原材料工业大部分是资源依赖型，具体包含钢铁、有色金属、石化、新材料、建材。建材行业可能受房地产市场不振影响较大，但中国有庞大的基建市场以及大量以原材料为上游的下游

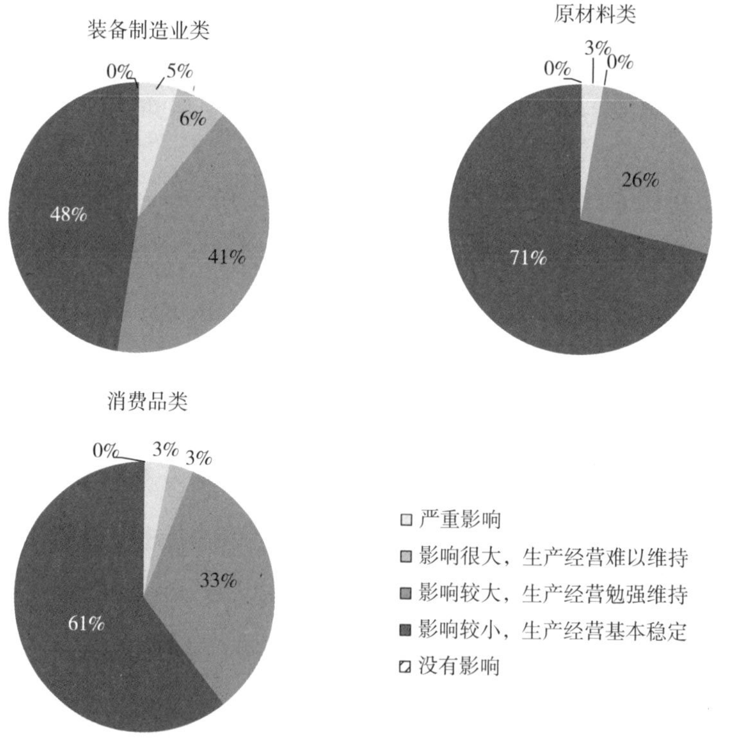

图 5-36　2022 年 1—4 月受访示范基地三大行业受疫情影响情况

企业，在疫情冲击下，原材料价格上涨使得相关行业和企业获益，因而大部分（71%）原材料类示范基地表示受疫情影响较小，生产经营基本稳定。

示范基地是全国工业的标杆性产业集群和工业园区，从行业分布来看，涵盖了装备制造、原材料、消费品、电子信息等11大类、32个细分行业，总体来看这些行业以高端制造、新兴产业为主，在生产经营、要素配置、市场前景上均优于全国平均水平。但是受行业特征差异的影响，不同行业在当前经济形势下表现出不同的特征。从工业增加值增速来看，电子信息、软件和信息服务行业较为领先，虽然大部分行业固定资产投资保持一定增速，但利润有所下降。装备制造业的龙头企业中有七成表示利润下滑，五成表示受疫情影响较大，生产经营困难。原材料工业企业在调查期间表现出较好的经济效益，受新冠疫情影响最小，原因是原材料价格上涨使相关企业获益较大，生产经营基本稳定。消费品行业订单承压较大，劳动力和资金缺口较大，受原材料上涨、物流等因素影响，生产经营利润下降。新兴的数据类行业产能利用率低，创新投入严重下滑。

（五）不同规模企业的比较

不同规模的企业在自身资本存量、现金流、供应链稳定性、市场占有率、金融资本可获取度等方面有显著差异，对于风险有着不同的承受能力。本轮调研采用五分法，将销售收入增长10%以上定义为景气，将销售收入增长10%以内定义为良好，将销售收入下降10%以内定义为有所下滑，将销售收入下滑10%以上定义为下滑严重。调查结果显示，龙头企业生产经营情况普遍不错，“景气”和“良好”的占比为49.21%，表示生产经营下滑的不到三成（29.10%），如图5-37所示。

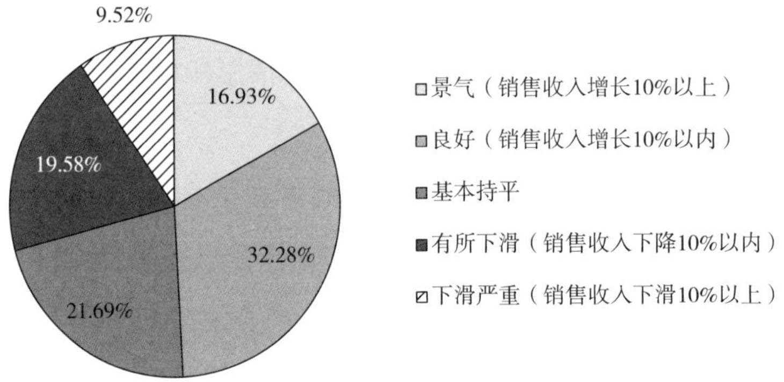

图 5-37　2022 年 1—4 月受访示范基地龙头企业生产经营情况

然而，中小企业生产经营状况欠佳，大部分企业表示销售收入明显下滑。究其原因，如图 5-38 所示，67.72% 的中小企业表示新冠疫情导致正常生产经营受阻，40.74% 的中小企业表示上下游需求下降导致经营难以持续，69.31% 的中小企业表示原材料价格上涨引发生产成本提高，48.15% 的中小企业表示国际国内物流不畅影响销售，36.51% 的中小企业表示流动资金不足，34.92% 的中小企业表示人才招聘困难。

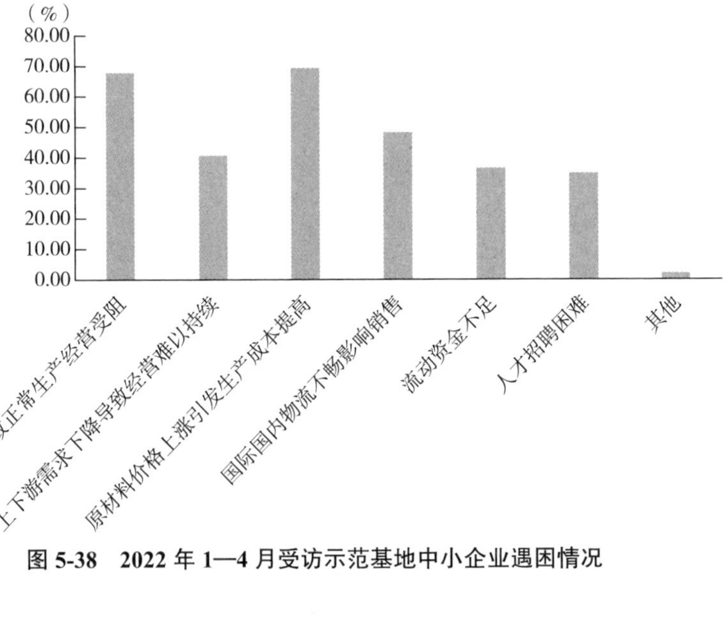

图 5-38　2022 年 1—4 月受访示范基地中小企业遇困情况

三、2022 年国家新型工业化产业示范基地发展存在的问题

（一）东北地区示范基地韧性较差，与其他地区发展差距可能进一步扩大

东北地区产业同构和同质竞争问题显著，产业核心竞争力不强，导致产业韧性较差，企业成本居高不下。2022 年 1—4 月，东北地区示范基地工业增加值出现负增长，较 2021 年下降 9.31 个百分点，降幅高于东部地区约 2 个百分点。东北地区示范基地的龙头企业生产经营情况较差，生产经营下滑的占比为 46.67%，生产经营情况较好的占比仅为 26.67%，低于西部地区的约 40%。新冠疫情导致生产经营受阻是东北地区中小企业面临的最大问题。由于东北地区装备制造产业发展高度依赖资源，产品技术含量和附加值较低，在国内市场需求不振的情况下进一步丧失订单；本土汽车产业价值链较短，零部件依赖外部供应，致使疫情期间产业发展压力加大。此外，东北地区约半数示范基地出现工业固定资产投资下降情况，且降幅远高于东部和西部地区，预示未来东北地区经济增长后劲不足，与其他地区差距可能进一步扩大。

（二）创新投入具有顺周期特征，区域创新要素需求差异显著

调查显示，2022 年 1—4 月，受访示范基地中共有 101 家的创新投

入出现了下降，占比高达 53.44%，受访的产业转移合作、数据中心以及工业互联网行业示范基地创新投入均出现下降。其中，高端研发人才缺乏、市场预期转弱导致创新计划放缓，新冠疫情期间与国外研发机构合作受阻是创新投入下降的主要原因。从区域创新投入情况来看，东北地区创新投入下降的示范基地占比最高（70%）。

我国宏观经济、创新投入以及工业增加值增速在波动中存在较为显著的顺周期变动关系。当 GDP 增速保持平稳较快增长时，工业增加值增速与创新投入之间的同向变动关系尤为显著；创新投入出现低迷，会引发工业增加值增速乃至产出水平的持续回落，可能加剧宏观经济的整体波动性。在受访示范基地中，72.22% 的东部地区示范基地认为市场预期转弱、创新计划放缓是创新投入下降的主要原因，52.38% 的中部地区示范基地、69.57% 的西部地区示范基地以及 61.90% 的东北地区示范基地均认为高端研发人才缺乏是影响创新投入的主要因素。这说明东部地区对市场需求的反应较敏锐，对市场预期并不乐观，相对于正常时期，创新投入更为谨慎，技术迭代进程趋于缓慢。其他地区对高端研发人才的需求缺口仍然较大，人才问题已成为制约创新引领产业高质量发展的重要因素，在一定程度上反映出这些区域示范基地的创新生态及制度“软环境”相对薄弱，产业转型升级面临着“人”“财”两难的困境，与东部地区差距较大。

（三）原材料价格快速上涨引发“蝴蝶效应”，中小企业发展仍举步维艰

从总体来看，69.31% 的中小企业认为，原材料价格上涨引发的生产成本提高是当前影响企业发展的主要因素。与此同时，上下游需求下

降导致经营难以持续、流动资金不足、人才招聘困难等也是示范基地内中小企业面临的主要困难。从不同区域、行业来看，原材料价格上涨引发的生产成本提高是当前示范基地内中小企业面临的主要问题。

受货币宽松、供需不平衡等宏观因素影响，我国原材料价格涨幅明显，化工、有色金属、纺织原料上涨表现最为突出，且呈现出范围广、品种多、涨幅高的特征，对工业复苏、工业产品出口、中小企业盈利能力等产生不利影响。数据表明，原材料涨价通过产业链传导对装备制造等中游行业以及汽车、家电等下游行业均有较大的负面影响。重点龙头企业具有一定的议价能力与韧性，能够将一部分原材料上涨压力向上下游传导，甚至可向东南亚国家开展产业布局以降低出口成本。然而，大多数中小企业在行业集中度、行业竞争格局、议价能力等多重因素制约下，成本转嫁能力相对较弱，难以抵御这种由大宗商品引发原材料涨价直接造成的风险，在新冠疫情等不利因素影响下，产品价格优势丧失，利润空间被进一步压缩，部分行业的中小企业可能存在倒闭风险。

（四）产业集群机制尚未建立，产业协同配套能力不高

示范基地在促进产业链上下游协同发展和增强协同创新效率方面还未发挥显著作用。据统计，仅有约 20% 的示范基地建立了较为完善的分工和协同创新体系。部分示范基地未建立起较为密切的合作关系网，合作程度不高，成果共享率低。示范基地中的企业之间在业务上的关联不多，中小企业在某些产业环节上为大企业提供专业化供应配套较少。尤其是龙头企业与其他企业在技术、研发、品牌、服务等方面的协作不够，没有形成相互支持、相互依存、相互辐射的产业格局。除了协同方

面问题，为高新技术产业服务的咨询服务机构缺乏也是一大“痛点”，风险投资企业聚集度不足问题也应引起重视。

示范基地的产学研合作机制不够完善。大部分示范基地邻近大学或研究机构，这些大学或研究机构具备相当的科研和开发能力，但由于缺乏良好的合作机制，示范基地较少将大学或科研机构作为创新的重要外溢来源。一方面，这与大学或科研机构的管理体制改革滞后有关，另一方面则是因为合作机制中的各方互动模式尚未建立。

四、国家新型工业化产业示范基地的调研结论与建议

2022 年，国家新型工业化产业示范基地面临部分地区和行业受新冠疫情冲击较大、创新意愿不足、市场需求走低以及企业正常经营受阻、用工需求缺口较大、资金紧张等突出问题。“十四五”规划提出，到 2035 年，我国要基本实现新型工业化、信息化、城镇化、农业现代化，建成现代化经济体系。从短期与长期相结合角度，提出以下政策建议。

（一）着力把示范基地建设成为现代化经济体系重要示范区

国家新型工业化产业示范基地是我国经济重要增长极和转型升级示范样板。目前，示范基地整体发展质量良好，创造了全国三成以上工业增加值和进出口额，并且在产业集聚、自主创新、节能减排等方面成效

显著，已成为推动我国产业转型主阵地。

从短期来看，应进一步做好示范基地经营情况监测和困难排查工作，以组织培训、资金奖补、帮扶解困等形式支持和指导示范基地发展，以政策落地落细提振市场主体信心，重视政策出台之前的沟通，加强产业链供应链稳定性、工业生产可持续性、工业投资便利化等政策之间的协调、配套。提振市场主体投资信心是下一步工作的关键，要加快部署新型工业化必需的各类基础设施项目建设，鼓励企业加大技术改造和设备更新力度。尤其要稳住中下游制造业企业的信心，处理好上下游企业间的应收账款逾期、补贴拖欠等问题。要增强风险意识，树立底线思维，把帮扶困难中小企业放在更加突出的位置，针对传统消费品行业的中小企业推出必要的保护性救助政策。

从长期来看，要着力把示范基地建设成为现代化经济体系重要示范区。部分示范基地在产业层次、产业布局、要素利用效能等方面仍然存在短板，可从转变发展模式、找准体系定位、提升要素效能、优化空间布局等方面切入予以补齐，从而更好地发挥示范基地的作用。

（二）加强要素保障，推动资源要素向高质量发展的地区和企业倾斜

应加强土地、劳动力、资本、技术、数据等要素市场化配置改革。推动公共资源阳光交易，持续提高资源要素配置效率和公平性。完善工业企业分类综合评价机制，形成用地、用能、用水、排污、信贷和财政等差别化政策体系，推动资源要素向高质量发展的地区和企业倾斜。更加突出东部、中部、西部地区内部增长极的培育，对于欠发达地区和产

业基地，支持政策应将重点放在促进示范基地和企业转型升级上。

在土地方面，要积极盘活闲置、低效用地，探索和完善工业用地“标准地”供应模式。加快落后产能转移退出和低效企业转产转型，加快推进僵尸企业兼并重组，为产业基地高质量发展提供空间。

在人才方面，要出台更加灵活有效的激励机制，鼓励科研人员进基地，与企业共成长。近年来受新冠疫情等因素影响，各地人才引进难度增大，应积极出台符合地区特点的稳就业政策，吸引更多的年轻人到产业基地工作，把培养、留住高层次科技人才和熟练技术工人作为人才工作的重点，在落户、技能培训、住房、就医等方面给予人才更多的优惠。促进人才供需对接，推动跨区域人才高效有序流动。

在资金方面，加大金融支持力度，可组织多种形式的政银企对接活动，通过灵活贴息、降门槛、还本续期等方式，打破企业资金瓶颈。调研发现，目前在某些产业基地，小微企业融资渠道几乎为零。特别应加大对小微企业的金融支持力度，给予其一定数量的纾困资金。

（三）加大科技创新投入，解决创新能力不足和高端产业发展不充分问题

中国产业体系全球最全，但在不少环节仍存在短板，广泛的突破性创新有利于全面提升中国产业体系国际竞争力，解决关键领域“卡脖子”问题。

科技创新风险高、周期长，企业很难在短期内获利。在经济下行压力较大时，为解决创新动力不足问题，一要在供给端鼓励设立产业发展专项资金，强化产业投资基金的战略引领作用，进一步细化支持企业创新的财政补贴、税收减免、产业投融资等政策，持续发挥技术改造政策

在提升技术、装备和工艺水平方面的关键作用，改革完善首台（套）等新技术新产品推广应用政策；二要在需求端适当实施需求鼓励政策，包括安排政府提前采购计划，并对相关政策标准和政策流程进行严格的事前评估和事后审计，防止利益输送和公共资金的无效低效使用。

顶尖人才是决定科技创新能力的关键，要采取更有效的政策应对顶尖人才缺乏问题。应面向未来产业和新兴技术发展趋势，加快人才培养体系的结构化改革，重视领军人才和高技能型人才的培育，搭建方便与国际创新人才沟通的平台，以企业合作、联合研发、留学访问等方式带动更多全球高层次人才流入。

（四）加快建立产业集群机制，提高产业配套能力

许多示范基地在细分产业领域、提升配套能力和协同创新效率方面，没有充分发挥作用。示范基地内部企业之间尤其是龙头企业和中小企业之间在技术、研发、品牌、服务等方面缺乏协作，关联不够紧密，成果较少实现共享，没有形成相互支持、相互辐射的产业格局。应加快构建产业集群机制，增强大中小企业之间的产业链互补作用，促进上中下游之间协调发展。同时，注意引入相应的咨询服务企业和风险投资企业，提升示范基地的配套服务水平。

示范基地的产学研合作机制不完善，没有与大学或研究机构形成紧密合作关系，导致缺少了重要的创新外溢来源。要进一步完善示范基地的产学研合作机制，发挥好大学或科研机构对示范基地的科技支撑作用，增强产业创新能力。

第六章

国家新型工业化产业示范基地的典型案例

自2009年组织开展国家新型工业化产业示范基地创建工作以来，示范基地已经成为先进制造业的重要载体、建设制造强国的支撑力量，不断带动我国产业结构转型升级，推动我国工业向高质量发展阶段迈进。自2018年开始，工业和信息化部组织实施示范基地发展质量评价，把评价结果作为加强示范基地分级分类指导和动态管理的重要依据。示范基地发展质量评价主要涉及示范基地总体发展水平以及产业实力、质量效益、创新驱动、绿色集约安全、两化融合和发展环境等方面，评价结果用一星至五星表示，星级越高表示发展越好。其中五星级示范基地的比例不到总数的10%，四星级示范基地的比例约为总数的50%。本章在全国示范基地范围内，通过近四年的星级评选目录，筛选出示范基地中连续多年被评为五星级和四星级的示范基地，并在一定程度上兼顾地域性均衡分布，在科技创新、数字化转型、产业协同、绿色生态、参与全球产业链五个方面挑选出12个示范基地作为典型案例，详细介绍其发展成效、发展定位、经验做法，供参考借鉴。具体来看，在科技创新方面，以北京中关村科技园区海淀园、上海市市北高新技术服务业园区、青岛软件园为典型案例；在数字化转型方面，以苏州高新技术产业开发区、成都高新技术产业开发区、贵阳国家高新技术开发区为典型案例；在产业协同方面，以东莞松山湖高新技术产业开发区、长沙经济技术开发区为典型案例；在绿色生态方面，以包头稀土高新技术产业开发区、兰州经济技术开发区为典型案例；在参与全球产业链方面，以上海临港装备产业区、武汉东湖新技术开发区为典型案例。

一、科技创新典型案例

（一）北京中关村科技园区海淀园

北京中关村科技园区海淀园（以下简称海淀园）的前身是全国第一个国家级高新技术产业开发区——北京市新技术产业开发试验区。它以北京大学、清华大学、中国科学院等著名学府和研究机构为依托，规划占地面积133.06平方千米。

区域内坐落着北大、清华等知名大学36所，以中科院为代表的科研院所96家，国家工程研究中心32个，基础研发资源雄厚；以智源研究院、量子研究院、微芯研究院为代表的新型研发机构体制机制灵活，不断贡献活力；以大信息产业为支柱、大健康产业为突破、科技服务业为基础、先进制造业为支撑的现代“高精尖”产业体系已经形成；大学科技园、创新型孵化器等创新载体不断涌现，股权投资机构、知识产权服务机构、人才服务机构、联盟协会等创新要素加快聚集；字节跳动、小米、百度等千亿元级企业从这里走向世界，寒武纪、旷视等新兴领军企业异军突起，微软等国际企业在这里设立研发中心，生机勃发的创新生态日益成熟。

1. 发展成效

海淀园经过多年创新发展的积淀，整合区内得天独厚的创新资源优势，综合经济实力不断增强，高精尖产业结构不断发展完善。2021年，海淀园内国家级高新技术企业保有量达万家，约占全市的36%；上市企业254家，居全国地级市之首；独角兽企业51家，约占全国的20%；园区申请有效发明专利19.3万项（件），约占全市的48%；高新技术企业总收入3.4万亿元；计算机、通信和其他电子设备制造业实现产值1697.2亿元，同比增长5.9%；高技术制造业实现产值1987.0亿元，同比增长5.4%。园内服务业主导型的产业结构特点突出，产业迭代发展、融合创新的特色鲜明，对外投资企业数量和对外投资次数均位列北京市第一，多数企业发展壮大后在外区及京外布局，对津冀地区的辐射带动作用持续增强。

2. 发展定位

随着中国高新技术产业快速发展、各界对高新技术产业创新的认识日渐深入，海淀园开始步入内涵式提升发展阶段。一系列体制机制的完善，让适宜高新技术产业发展的制度环境逐步形成。园区管理机构深入推进“数字园区”“一站式服务”“联合治理”“随需服务”等服务创新，还通过设立创新基金、实施专利和标准战略、打击盗版加强知识产权保护等系列活动，营造企业创新的市场环境。同时，通过中关村开放实验室、建设科技租赁平台、组建产业联盟、技术联盟等形式，探索以企业为主体、市场为导向、产学研互动的多元创新模式，区域创新逐步向网络化、集群化方向发展。此外，产业发展中的知识要素、创意和创新要素愈发密集，产业分化与融合发展的趋势日趋明显，文化创意产业、互联网、软件、高技术服务业等成为园区发展的新兴领域。

目前，海淀园聚焦中关村科学城建设，立足原始创新策源地和自主创新主阵地的功能定位，全力以赴推进创新生态提升和新型城市形态构建，努力挖掘释放内生动力，加快推进全国科技创新中心核心区建设，加快建设具有全球影响力的科学城。海淀园布局人工智能、大数据、云计算、移动互联、物联网、网络安全、虚拟现实等前沿技术领域，突破了一批关键核心技术，培育出一批优秀创新型企业，形成了较为完整的产业链条，培育了具有国际影响力的新一代信息技术产业集群。同时，在量子信息、量子计算、区块链技术等一系列核心技术领域取得了进一步突破。此外，在医疗健康领域，在创新药物和医疗器械方面取得突破；在装备研发实力和系统集成服务水平上处于国内领先地位；太阳能、风电方面取得重大突破，在水污染防治、大气污染监测、新型绿色建材等多个领域处于国内领先地位。

海淀园重点培育金融服务业、创意产业、新材料和生物医药产业，促进光机电一体化产业的质量增长；继续巩固和保持在电子信息产业上的主导地位；培育潜在的具有自主知识产权的明星企业；发挥产业基地和专业园区在产业聚集中的核心作用，建设产业的核心竞争力；把发展大学科技园和留学生创业园作为培育新兴产业的重要平台。

3. 经验做法

一是支持企业自主创新。通过顶层设计，探索完善创新驱动发展路线图。出台实施“创新发展 16 条”，启动创新合伙人等九大计划，开展城市功能提升等七大行动，着力构建多元创新主体高水平融合互动的创新生态体系，破解发展的难点、痛点和堵点。围绕人工智能、集成电路、区块链、操作系统等产业细分领域，梳理底层技术创新企业清单；

统筹产业发展专项资金，在关键核心技术突破、开源开放平台建设等方面给予重点支持。

二是强化重点前沿技术场景示范应用。首先，重视前沿基础研究，蓄足创新驱动发展新势能。推进北京量子信息科学研究院建设和网络空间安全领域重大研究平台落地。全球健康药物研发中心、石墨烯研究院等新型研发平台建设取得阶段性成果。在自动驾驶创新示范区，一期测试道路正式对外开放；在中关村环保科技园打造车联网环境，开展智能网联汽车道路测试；在AI计算处理中心适配应用算法框架及国产芯片，支撑智慧城市大脑场景应用。其次，加速高精尖产业发展，释放创新驱动发展新动能。确立了突出大信息产业和科技服务业两大主导产业，做强医药健康、智能装备、新材料、能源环保四大产业，推进“2+4+2”高精尖产业发展战略。最后，推动“双创”发展，优化创新驱动发展生态圈。全力加快全国双创区域示范基地建设，形成引领全国、接轨国际的双创生态体系。

三是强化产业发展资本支撑。一方面，与社会资本加强合作，通过联合投资等方式引导社会资本强化对高精尖产业的资本支撑；另一方面，通过直接投资与参股基金结合的方式，支持信息产业优质项目培育。推进全球联动，形成创新驱动发展国际范儿。积极融入全球创新网络，采取“柔性引进 + 跨境合作”方式，建设国际协同创新实验室，瞄准顶尖技术和顶尖人才进行跨境协同创新。

（二）上海市市北高新技术服务业园区

上海市市北高新技术服务业园区（简称市北高新园区）成立于1992年8月，占地面积3.31平方千米，总规划建筑面积达550万平方来，是静安推进“一轴三带”发展战略、深化“中环两翼创新创意集聚带”北翼建设、实施“全球服务商计划”的核心组成部分，也是上海推进“3+5+X”产业布局的重点发展区域。经过30年开发建设，市北高新园区构筑了“数智市北”的品牌特色，形成了“总部增能＋数智赋能＋科创释能”的良好发展态势，成为上海市首批在线新经济特色产业园、民营企业总部集聚区、数字化转型示范区，积极助力上海建设“全球科创中心”“国际数字之都”。

1. 发展成效

当前，市北高新园区已集聚优质企业2800多家，其中跨国公司地区总部26家（占静安总数近1/4）、具有总部特征的央企和民企近100家、数据智能企业580余家（核心大数据企业占全市1/3）。2017—2021年，园区企业总营业收入五年累计达到10565亿元，园区企业总税收五年累计达443亿元，分别是前五年的1.6倍和1.9倍。在上海市开发区协会发布的产业园区综合评估排行榜中，园区单位土地税收产出强度连续多年位列上海市第二，仅次于上海自贸区。

2. 发展定位

近年来，市北高新园区遵循“打造中国大数据产业之都、建设中国创新型产业社区”的战略目标，聚焦云计算、大数据、区块链和人工智能等重点领域，发力元宇宙、智能终端、绿色低碳等产业新赛道，以“站位高度、开发强度、经济密度、培育力度、服务温度、品牌亮度”全方位、系统性地开展各项工作，在经济能级规模、创新要素集聚、重大工程项目、综合服务功能等方面取得了显著成绩。

3. 经验做法

（1）提升站位高度，高起点谋划区域发展功能布局

作为上海创新驱动、转型发展的示范窗口，市北高新园区于2017年成为上海唯一的大数据产业基地，开始发力数据智能产业新领域；2018年入选全市“3+5+X”重点产业区域，同年发布《全力打造中国大数据产业之都，推动高质量发展三年行动计划》；2019年获评上海市超高清视频产业市北高新示范基地，并在全市率先发布首张数据智能产业链图谱；2020年启动全市首个以区块链为主题的特色产业园区；2021年获评上海首批“民营企业总部集聚区”“在线新经济特色产业园”，代表静安入选“国家区块链创新应用试点”名单，且成为上海唯一入选“综合性试点”的地区。目前，上海区块链生态谷已经集聚了上海科学院区块链技术研究所、“万向区块链＋大数据”联合创新中心、信联信息发展区块链技术研究中心，以及蚂蚁链、趣链科技、益链科技、玳鸽区块链等70余家行业机构和创新企业，涉及数字金融、数字基建、物流供应链、智慧食安、票据管理、药品追溯、体育公益配送等十多个重要领域，并围绕五大创新应用平台和14个“区块链＋”应用场景，推动静安数字经济蓬勃发展。

2022年8月，市北数智生态园入选首批“上海城市数字化转型市级示范区”，聚焦“数源”“数治”“数商”三大重点领域，以“1+1+2+X”的总体架构推动园区数字化转型工作（发布1个可信数据经济试验区建设规划、成立1个可信数据经济研究院、建设2个基于数字信任技术的平台项目，推出X个围绕园区“经济、生活、治理”的示范应用场景）。力争打造规范数据流通的可信服务体系，推出更多数字综合配套，形成可信数据服务高效产业链，构建以大数据为基底的数

智创新生态，创建市级数据要素产业集聚区。

（2）加大开发力度，高规格推动静安中环北翼升级

通过腾笼换鸟、转型升级，市北高新园区实现了从“粗放式”向“集约式”发展模式转变，容积率也从1.0提高至2.3，形成“区域集中、产业集聚、企业集群、功能集成”的全新发展格局。近年来，市北壹中心、市北数智大厦、上海区块链生态谷、市北高新人才公寓等一批标志性项目陆续建成；正在加快建设的静安市北国际科创社区是园区迄今为止首个百亿元级、百万平方米、百米高的区级重大建设项目，总投资240亿元，新建建筑面积110万平方米，预计2024年全部竣工，包括60万平方米的产业空间、上海希尔顿酒店、九年一贯制国际学校、精装修租赁住房和商品住宅、公共绿地以及老厂房保护建筑等。

根据市北高新园区近期、中期、远期规划，预计未来可开发的存量土地资源约1316亩（用地面积约0.9平方千米），主要集中在江场西路以北走马塘区域、大润发区域以及东部北郊站区域。经过前期地块控规调整及相关论证，走马塘区域整体规划转型现在已进入与百联集团、上勤集团、上药信谊以及隧道股份等市属企业洽谈合作开发进程，预计可释放近70万平方米的产业新空间。同时，按照《上海市城市总体规划（2017—2035年）》关于城轨交通改造的相关要求，北郊站已经全面启动转型研究论证。

（3）优化产业结构，高效能提升园区亩产税收贡献

园区通过推进产业迭代、深化税收结构等举措实现了总部型企业集聚效应以及数智产业赋能效应，推动了产业税收对总税贡献度持续上扬，年均增长率达到3.3%。其中，“当年引进当年产税”连续三年超

过 1 亿元，“房地产税收”在园区总税中的占比从最高 46% 下降至 5%。从整体来看，“总部经济 + 数智经济”的产业结构特征愈加显著。

聚焦“总部经济”。近年来，市北高新园区迎来了在沪第六家央企总部——中国电气装备集团，引进了国内领先的轨交信号系统集成商——中国通号旗下的卡斯柯信号、国内应急救援专业力量——中国安能集团华东区总部、信息基础服务提供商——中国电信旗下专注云网生态场景应用的天翼数字生活。此外，包括数字营销行业隐形冠军宝尊电商、展览展示行业龙头风语筑、新能源汽车行业新锐小鹏汽车、上海百强企业博尔捷集团及均和集团等一批重要民企，也纷纷在园区设立了功能总部和研发中心。

聚焦“数智经济”。市北高新园区 580 余家数智企业的研发应用场景涉及金融、教育、医疗、交通、旅游、文化等十余个重要领域，代表企业有图像识别处理领先者合合信息、智慧党政服务领先品牌梦创双杨、数模混合集成电路供应商灿瑞科技，以及以无介质浮空技术得到高度关注的像航科技等。此外，作为纳斯达克和港股双重上市企业的宝尊电商新设了千人规模的行业研发中心，并在 2022 年 6 月上海举行的第三十五批跨国公司地区总部和研发中心颁证仪式上获得资格认定，成为园区“总部 + 数智”经济叠合发展的标志案例。

（4）深化培育力度，高质量强化科技创新策源功能

近年来，园区通过“基地 + 基金”“投资 + 孵化”双轮驱动运营模式组建了“市北高新助力科创引培联盟”，启动了助力科创引培计划，发起了“十亿元大数据产业基金”，参与设立央视百亿元全媒体基金，举办了长三角大数据行业职工劳动和技能竞赛、上海开放数据创新应用大赛（SODA 大赛）、中国区块链开发大赛东部区域赛等多个高知名度

的品牌活动，吸引大数据、人工智能、5G、区块链、超高清视频产业等前沿领域的国内外优质资本、项目、技术、人才靠拢。

同时，依托“云数智链”产业生态集聚一批行业翘楚。市北高新园区已组建院士专家工作站 10 个，例如卡斯柯与何积丰院士强强联合打造的轨道交通研发合作示范点，伯豪医学聘请赵国屏院士积极建设了国内基因检测技术应用示范中心；成立了由上海市大数据中心和上海大数据股份有限公司等 7 个委员单位为核心的全市首家“大数据行业工会”，吸纳 65 家会员单位加入；推动青年人才在科技创新创业的第一线“冒尖”，超过 30 人获国家和上海市重要奖项。当前，示范基地有 580 余家数智企业，相关从业人员近 3 万人，人才队伍规模持续扩大。

为进一步加快从“空间提供商”转变为“时间合伙人”，市北高新园区以聚能湾国家级孵化器、中航联创上海创新中心、上海开放数据创新应用孵化器（Soda Space）、市北高新园区“千兆光网”创新空间等创新创业载体为核心，以“创业苗圃 + 孵化器 + 加速器”的完整孵化体系持续提升园区深度经营水平。据统计，园区累计培育高新技术企业 210 家、专精特新企业 60 余家，培育主板上市企业 3 家（数据港、格尔软件、风语筑），另有 23 家企业被列入“市北高新科创企业引培计划”，其中合合信息、梦创双杨启动了上市推进工作，入围的 23 家企业营业收入平均达到 2.1 亿元，平均估值水平达到 8.4 亿元。

（5）展示服务温度，高效率优化园区服务营商环境

市北高新园区始终坚持“以企为先”“以人为本”的运营理念，全力推动产城融合进入全新发展阶段。

聚焦“以企为先”，全区首个产业园区市场监督管理所、全市首个以政务服务为核心的智慧税务社会共治点、大宁路派出所市北高新

园区分部、静安区人民检察院法律服务工作站、静安区劳动监察线上服务市北园区工作站、静安留学人员创业园、中国（上海）知识产权维权援助中心——市北高新园区工作站等一批政务服务平台在市北高新园区密集落地，为园区企业构建了智慧化、便捷化、多样化的政务服务网络。

聚焦“以人为本”，在充分听取市北高新园区企业及员工的意见之后，完成江场三路等园区多条道路、人行桥和公共绿地建设改造，设立园区职工活动中心（乒乓球房）、园区“健康服务点”，新增4个白领食堂，引进名人名家、稻香世家等餐饮品牌，引入星巴克、Tims、瑞幸等一批咖啡品牌。与此同时，面向重点民营总部的企业人才等群体，在医疗社保、居留和出入境证件申请等方面提供相应便利；提供满足8000名高端人才的“精装交付、拎包入住”租赁住房；上下班高峰时间段提供到地铁的免费班车。此外，还将引入九年一贯制国际学校，建设河滨体育公园、慢行步道、文化场馆、创意街区等人文休闲设施，进一步提升园区产城融合品质内涵。

（6）擦亮品牌，高标准融入长三角一体化大局

多年来，市北高新集团党委秉持“以高质量党建工作引领企业高质量发展”的理念，充分发挥“把方向、管大局、抓落实”的核心领导作用，让红色引擎成为推动市北实现更高质量发展的内生动力。

早在2010年，上海市北高新集团就顺应长三角一体化战略要求，在南通市崇川区开发建设“上海市北高新（南通）科技城”（简称南通科技城）项目。历经十余年打造，如今该区域面貌焕然一新，新兴产业集聚发展，累计入驻企业240余家，培育国家高新技术企业近30家，企业总投资达420亿元，实现总纳税额超30亿元，园区现已成为沪通

合作的标杆性园区、区域经济新的增长极。围绕产学研一体化发展，南通科技城依托启创信息园、智汇科技园、创想慧谷等在内的近100万平方米科创载体，构建了“创业苗圃—孵化器—加速器—产业园”的完整科创产业发展链条，加快科技成果转化，为长三角一体化发展提供更多具有示范引领作用的创新实践案例。

（三）青岛软件园

青岛软件园位于青岛市市南区宁夏路288号，是青岛市最早的软件产业发源地和集聚区，是全国少有的地处城市中心区域核心地段的产业园区。

园区总投资13.7亿元，总占地19.57万平方米，建有A1、1-10号楼、综合楼、中心停车楼等13座楼宇，建筑面积33万平方米，由青岛软件园发展有限公司运营管理。园区环境优美、基础配套完善，配有餐厅、行政酒店、咖啡厅、超市、洗衣店、洗车行等综合服务设施，以及融媒体中心、党群活动中心、上合技术转移中心、科学仪器产业园等产业服务平台，同时设有车位2940个，新能源充电桩30余个。

1. 发展成效

2022年以来，青岛软件园围绕数字经济主导产业发展，深化园区资源配置改革，有效提升园区“亩产效益”水平，不断提升园区数字经济产业集聚效应。园区目前已入驻企业243家，入住率97.80%，软件从业人数达10400余人，主导产业包括软件信息、互联网、大数据、人工智能、服务外包等数字经济类产业，园区累计培育出上市、挂牌企业17家，现有高新技术企业26家、专精特新企业20家、国家专精特新小巨人企业 3 家。园区新引进歌尔丹拿、石头汽车、鑫宸实业、九天微星等头部企业。

园区在对数字经济企业招大引强抢抓先行赛道的同时，对已入驻企业提供帮扶并与其开展合作，积极推动园区内企业成长，已成功孵化出雨诺、松立、优创等多家上市企业、行业龙头企业。园区在省级数字经济园区年度评定中，提升 6 个位次至成长型第三名的较好成绩。

园区自建成以来先后荣获“国家火炬计划软件产业基地”“国家科技企业孵化器”“国家软件和信息服务业示范基地”“山东省重点服务业园区”“山东省数字经济园区”“山东省软件名园”等 30 多项荣誉称号。

2. 发展定位

青岛软件园以行业应用软件为特色，以打造国内一流数字园区为目标，围绕“数字产业化”与“产业数字化”两大主攻方向，重点发展数字经济和数字文创两大产业，坚持盘活存量、做优增量、提高质量，以内培外引、政策优化、专业化提升为主要措施，“头部 + 生态圈层”“资本 + 专精特新”双轮驱动，推动软件产业在能源、交通、网络通信、智慧城市、数字医疗、金融等领域的应用，实施园区转型升级、提质增效行动，全面提升园区综合实力与品牌影响力，基本形成园区管理运营专业化、产业发展集群化、特色楼宇生态化、服务环境智慧化的园区发展新格局。

今后青岛软件园将紧紧抓住数字经济发展的重大历史机遇，积极响应国家关于开源生态建设的号召，按照“内外并举、软硬兼施、特色发展、错位竞争”的总体发展思路，同时结合青岛市优势的工业基础，形成具有区域特色发展优势的产业格局，着力优化产业发展环境，配合青岛市和市南区政策引领，内引外联加速行业特色软件汇聚，形成优势产业集群，提高产业核心竞争能力，将青岛软件园打造成为青岛市软件产业核心区，进而成为连接华北和华东、辐射内地、面向国际软件市场的桥头堡，全力创建首批“中国软件名园”。

3. 经验做法

一是“树名企、出名品、塑名园”，加强新模式驱动。① 树名企，聚焦集成电路、高端软件、人工智能等重点产业赛道，积极招引华为、腾讯、浪潮等国内龙头软件企业，支持积成电子、松立控股集团等发展态势较好的企业，培育雨诺、华正信息等具有生态主导力和核心竞争力的骨干企业。② 出名品，协同中国—上合组织技术转移中心（简称上合技术中心），匹配政策加持，加强企业产学研用协同创新，培育一批核心技术、产品和系统解决方案提供商，获评一批省级以上首版次高端软件和软件产业高质量发展重点项目、“三优两重”大数据企业和项目、虚拟现实优秀解决方案等，做强数字经济主打产品。③ 塑名园，积极开展中国软件名园创建工作，推动园区特色化、专业化、品牌化、高端化发展，建设成为高水平、高标准的现代化软件名园。

二是提升园区综合服务能力，实现新平台筑基。软件园自建立以来，搭建了商务秘书投资服务平台、青岛资本市场服务基地等多个公共服务平台，每年组织各类专业技术培训、专题讲座、比赛活动等。在已建成的“三库四平台”基础上，开通了园区互联网数据中心。通过设立园区产业专项基金、加强上合技术中心技术转移服务、开放应用场景等方式，不断提升对企资金、技术、人才、平台、场景的服务能力。

三是加大惠企服务力度，打造新发展引擎。发挥《青岛市市南区促进“双招双引”和经济高质量发展政策 20 条》《市南区惠企服务 12 条》等政策文件作用，主动为企业提供政策支持。不断加大对园区企业的资金扶持力度，通过无偿资助、周转金、贷款贴息等方式扶持软件企业发展。软件园不断加大对软件产业的扶持力度，解决中小软件企业发展中遇到的融资难问题，为软件企业筹资拓宽了渠道。园区孵化器以中小软件企业为服务对象，为入孵企业提供研发、经营的场地和办公方面的共享设施，提供政策、管理、法律、财务、融资、市场推广和培训等方面的服务，以降低企业的创业风险和创业成本，提高企业的成活率和成功率。

四是加强特色产业资源集聚，实现新产业赋能。打造以行业应用软件为特色的产业链，立足产业优势建设特色软件产业园区，持续壮大以积成电子等为引领的能源行业应用软件集群，以松立集团等为引领的数字交通应用软件集群，以鼎信通讯等为引领的网络通信应用软件集群，以雨诺股份等为引领的数字医疗应用软件集群，以优创等为代表的金融行业应用软件集群，以及以金东数字、航讯等为引领的虚拟现实、人工智能软件设计集群。加速引进和培养一批具有行业应用特色的软件企业，进一步围绕产业链布局创新链，着力延链、补链、强链，推动产业链上下游合作创新，加快创新发展，深入挖掘潜力，形成产业链完备、生态环境互补、空间布局合理的软件产业发展格局。

二、数字化转型典型案例

（一）苏州高新技术产业开发区

苏州高新技术产业开发区（以下简称苏州工业园区）早在2010年

就获评首批电子信息方向的国家新型工业化产业示范基地，并在2020年示范基地发展评价中荣膺五星级。2022年3月，在工业和信息化部公布的《第十批国家新型工业化产业示范基地名单》中，苏州工业园区获评工业互联网方向的特色示范基地，成为“工业互联网”“电子信息”双料国家基地。

1. 发展成效

苏州工业园区出台多项政策不断推进“5G+工业互联网”建设，大力支持智能化改造数字化转型，在基础设施、服务能力、融合应用和生态建设等方面取得明显成效。

苏州工业园区已建成5G基站3944个，在2020年底实现5G信号全覆盖的基础上，打造全区5G精品网络；上线标识解析二级节点2个，标识注册量和解析量过亿；服务能力已形成完整产业链，相关企业超600家，年产值近600亿元，获评省级工业互联网平台5家，新入选江苏省工业互联网服务池20家。2021年，有近200家企业获得各级试点示范荣誉，其中，博世汽车入选全球灯塔工厂，康美包、通富超威获评省级工业互联网标杆工厂。创新设立伙伴计划，积极承接国家级、省级、市级重大行业活动，与中国信息通信研究院、中国工业互联网研究院等大院大所交流合作，先后落地博世、新华三集团等龙头企业赋能中心和运营商创新中心，持续赋能工业互联网产业创新发展。2021年，产业示范基地电子信息产业实现利润总额130.6亿元。加快传统产业提升改造，开展全区规模以上企业“智改数转”全覆盖三年行动计划，技改投资占工业投资的比重达71%。全区电子信息产业加快智能化改造步伐，获批国家级智能制造试点示范工厂1家、优秀应用场景2家，获批数量位列苏州市第一；新增省级示范智能车间

6家、市级示范智能车间18家、智能工厂1家。莱克电气等3家企业获评全市首批“智改数转”标杆企业，阿里云计算等3家企业获评全市首批“智改数转”优秀服务商。

2. 经验做法

依托现有制造业资源禀赋，聚焦数字经济时代产业创新集群建设，针对智能制造诊断服务、智能化数字化改造、企业上云、示范标杆引领、智能制造基础管理能力提升等任务目标，坚持问题导向、重点突破，以“智改数转”为引领，推动高新区电子信息产业的发展。

一是实施免费诊断服务行动。在全市范围内选优选强智能制造诊断服务商，走进企业开展智能制造诊断服务，帮助企业打通“智改数转”过程中的堵点、难点和痛点，并给企业提供个性化的智能制造解决方案和实施路径。通过诊断，输出示范标杆培育名单、智能化改造需求名单、诊断咨询服务典型案例。该园区2021年为120家企业提供了智能制造免费诊断服务，2022年将扩容至180家企业。

二是实施改造投入支持行动。面对新冠疫情冲击造成的部分企业资金紧张和投入意愿不足的现状，该园区强化政策引导对接，用好贷款贴息、有效投入、智能化技改等奖补政策，引导企业向数字化、智能化方向加大改造投入力度。聚焦电子信息、装备制造两个主导产业创新集群和高端医疗器械、集成电路、软件和信息技术、绿色低碳四个特色产业创新集群，推行“一企一策”“一行一案”，以需求为导向，分领域、分批次精准对接，引导和支持企业实施改造项目。

三是实施标杆示范引领行动。进一步完善示范标杆支撑服务体系，着力打造区内智能化改造和数字化转型示范标杆，通过现场调研、政策宣传、示范对标，遴选出一批基础好、代表性广、示范性强的企业。建立“灯塔工厂”“5G全连接工厂”“智能工厂”“智能示范车间”培育库，激励优质企业建设行业顶尖的工厂项目。

四是实施技术输出提升行动。支持“智改数转”服务商做大做优做强，鼓励行业领军企业剥离软件开发、系统集成、信息服务等技术业务，成立独立法人实体，面向行业尤其是中小企业输出解决方案和经验，提供专业化服务。持续通过免费诊断等政府采购方式引领和撬动服务市场，培育一批产值过亿元的龙头服务企业。鼓励西门子、佳世达、名硕等一批具有智能制造优势团队的企业依托自身技术优势，输出解决方案和智能化改造经验，放大“溢出效应”，“以点带面”引领行业应用。

五是实施生态体系优化行动。以平台建设丰富生态体系，积极争取一批国内知名的双跨工业互联网平台落户高新区。依托工业和信息化部电子五所华东分所、苏州工业大数据创新中心、赛飞工业互联网研究院等平台，开展特定行业工业软件和工业App技术攻关，培育一批特定场景的工业互联网典型项目。依托中移软件、阿里云计算等云平台企业，持续带动中小企业上云，形成一批特色鲜明、亮点突出、可复制可推广的工业App应用标杆。不断完善数字基础设施建设，培育5G行业应用示范场景，优化工业信息安全态势感知网络。

六是实施要素保障升级行动。对智能制造重大创新平台、重点产业、公共服务平台等项目建设，优先保障土地、金融、电、水、气等要素供应。鼓励各类金融机构创新金融服务和产品，加大对制造业智能化改造和数字化转型的支持力度。园区工业高质量发展专项资金每年安排相应额度支持智能化改造和数字化转型项目的申报兑现工作，聚焦支持智能化改造和数字化转型工作。

（二）成都高新技术产业开发区

成都高新技术产业开发区（以下简称成都高新区）坚持以习近平新时代中国特色社会主义思想为指导，深入学习贯彻党的二十大精神，全面落实四川省委十二届二次全会、成都市委十四届二次全会决策部署和要求，以全面建设践行新发展理念的公园城市示范区为统领、产业建圈强链为突破、重大项目攻坚为抓手，持续做优做强城市新区创新策源转化等核心功能。2022 年，成都高新区地区生产总值首次突破 3000 亿元，达到 3015.8 亿元，在国家高新区综合排名中跃升至第六，位列赛迪“园区高质量发展百强”榜单“园区营商环境 TOP20”榜首。

1. 基本情况

（1）园区概况

成都高新区现有面积 237.22 平方千米（其中与成都市双流区合作共建成都天府国际生物城 44 平方千米，与成都东部新区合作共建未来科技城 60.4 平方千米）。成都高新区始建于 1988 年，1991 年经国务院批准为全国首批国家级高新区，2000 年获批设立四川成都出口加工区，2006 年获批成为全国首批“创建世界一流高科技园区”试点园区，2015 年获批成为西部首个国家自主创新示范区、四川省全面创新改革试验区和自由贸易试验区核心区。成都高新区在全国 169 个国家高新区中综合实力位列第六；在四川省 8 个国家高新区中位列第一（根据科技部火炬中心通报的 2021 年度国家高新区综合评价结果得出）。

（2）产业发展概况

作为成都市产业发展和科技创新的主阵地，成都高新区始终秉持“发展高科技，实现产业化”的初心使命，抢抓成渝地区双城经济圈建设等重大机遇，以助力成都建设践行新发展理念的公园城市示范区为统领，以“三个做优做强”“四大结构”优化调整和产业建圈强链为引领，深入实施创新驱动发展战略，奋力当好全市经济高质量发展动力源和主支撑。截至2022年底，成都高新区聚集企业20.54万家，其中“四上企业”共2206家，同比增长7.7%；高新综保区（不含双流园区）完成外贸进出口总额4660亿元，连续5年保持全国综合保税区第一；累计培育境内外上市企业60家，其中科创板企业10家，居中西部第一；高新技术企业总量突破4300家，支持创建国家级创新平台累计达60家，在数量上居西部地区领先水平；聚集各类国家级、省级人才1047名，居国家高新区前列。

一是电子信息产业支撑有力。聚集英特尔、华为、富士康、京东方、戴尔等一批国际知名企业，形成了集成电路、新型显示、智能终端等重点产业链，在全球电子信息产业版图中占据重要一极。2022年，成都高新区175家规上电子信息制造业企业总产值突破3810亿元，约占全省50%。获评2022年全国第三代半导体最具竞争力产业园区，位列中国集成电路园区综合实力榜单第三。

二是生物医药产业进位提档。①产业规模能级不断提升，聚集赛诺菲、GE医疗、艾尔建、倍特、蓉生、地奥等3000余家企业，累计上市过会企业数量达10家，累计在研I类新药143种，在全国高新区中排名第四；2022年成都高新区生物医药产业规模突破1200亿元，同比增长20%。②创新平台建设实现突破，落地部省（科技部、卫健委、省政府）共建的重大新药创制国家科技重大专项试点示范基地、全国唯一国家精准医学产业创新中心、天府锦城实验室（前沿医学中心），全生命周期产业链功能平台累计达 109 个，市场化程度超 80%。③园区综合竞争力不断提高，获评全省唯一经商务部批准的生物医药产业国家级外贸转型升级基地，在科技部全国生物医药产业园区综合竞争力排名进位至第三，稳居第一方阵。

三是新经济产业动能强劲。以新川创新科技园、瞪羚谷产业社区、AI 创新中心、骑龙湾产业社区、中国—欧洲中心和天府软件园六大产业社区为抓手，聚焦游戏电竞、在线视频、数字音乐、网络信息安全、工业软件、无人机、智能网联、扩展现实（XR）等新经济细分赛道，正加快建设具有全球影响力的新经济策源地。截至 2022 年底，成都高新区汇集各类新经济性质企业 13 万家，489 家规模以上新经济属性服务业企业实现营收 1431.4 亿元，同比增长 8.9%。成都高新区签约引进腾讯未来中心、抖音生活服务全国总部等两个百亿级项目，新川创新科技园建成四川省首个智能驾驶示范场景，游戏产业规模居全国第四。

2. 主要做法及成效

（1）围绕主导产业，构建动能充沛、后劲十足的高质量发展现代产业体系

一是以产业建圈强链理念优化产业发展方式。“链主企业”引育方面，聚焦集成电路、创新药、高端软件、新型显示等重点产业链，持续加大高能级项目招引，2022 年引进重大项目及高能级项目 36 个，链主龙头企业投资百亿级项目 4 个，特别是推动腾讯、东材科技等重点项目落地，对建圈强链意义重大。充分发挥“链主企业”引领带动作用，加快形成涵盖核心材料、高端设备、关键部件、触控模组、终

端应用在内的全链条产业生态。二是鼓励企业加快推进信息化、数字化、网络化、智能化转型。大力推动8个国家级、省级制造业创新中心能级提升，深入推进智能制造三年行动计划，以富士康、西门子两家“灯塔工厂”为引领，培育一批带动性、示范性强的数字化车间和智能工厂，加快营造智能制造优良生态。大力推动主导产业绿色化发展，加快构建绿色制造体系，支持和鼓励企业争创国家级、省级绿色制造示范单位。截至2022年底，成都高新区已拥有国家级绿色工厂8家，省级绿色工厂21家。三是深化区域协作，推动跨区域协同联动发展。为进一步拓展产业空间，全力打造高质量发展产业载体，成都高新区先后与双流区共建天府国际生物城、与东部新区共建未来科技城、与新津区共建天府智能硬件产业园等。通过深化与友邻区县优势互补、协同创新，既为成都高新区创新实践“一区多园”模式提供了新的载体和空间，也为下一步推动电子信息产业、生物医药产业跨界融合发展带来了新的契机和潜力。

（2）深化产研融合，构建创新引领、协同发展的高质量发展科技创新体系

一是加快布局战略科技创新平台。推动天府绛溪实验室、天府锦城实验室（前沿医学中心）揭牌运行。依托高水平研究型大学实施“聚源兴川”战略，依托北京大学汤超院士团队和北京大学前沿交叉科学研究院，联合共建北京大学成都前沿交叉生物技术研究院。与清华大学共建芯华创新中心，以第三代半导体为引领，推动清华电子系前沿科研创新成果在成都高新区转移转化和产业化落地。以集成电路企业共性需求为着力点，与电子科技大学共建国家“芯火”双创基地。二是深入打造产业技术创新平台。推动出台支持平台建设专项政策，构建国家、

省、市、区四级梯度平台培育体系；全国唯一国家精准医学产业创新中心启动运营，超高清视频创新中心获批四川省首个国家级制造业创新中心；累计聚集省级以上创新平台 436 家，其中国家级平台 60 家，约占全省 1/4，居西部地区领先地位。持续推进企业技术中心认定和提档升级，不断提升技术创新能力，截至 2022 年底，成都高新区已拥有国家级、省级、市级企业技术中心共 345 家。三是持续加大科技企业培育力度。2022 年成都高新区高新技术企业数量突破 4300 家，较 2019 年实现翻番，净增首次突破 1000 家，其中百亿级高新技术企业（以下简称高企）5 家。科技型中小企业数量超 3900 家，同比增长约 25%，稳居全国高新区第一方阵。梯度培育企业持续增长，累计培育独角兽企业 8 家、潜在独角兽企业 20 余家。激励企业加大研发投入力度，“四上”企业 2022 年研发投入达 137.78 亿元，同比增长 31.2%。

（3）夯实产业基座，构建灵活高效、保障有力的高质量发展综合服务体系

一是以“智慧蓉城”建设为引领，优化完善“高新通”企业服务平台建设。着力畅通企业政策申报和诉求反馈渠道，牵头打造“企业健康官”“亲清在线”“重大项目调度”等应用场景，推动整体融入高新区智慧运行平台。持续推进惠企政策“免申即享”扩面增量，推动“高企认定奖励”“上市挂牌奖励”“促进市场主体稳定健康发展”等 6 个事项纳入“免申即享”，涉及资金 7555 万元，有力提升企业获得感和满意度。二是深入进行企业梯度培育，提升产业链供应链稳定性和竞争力。推动极米科技、中航无人机两家企业成功入选工业和信息化部第七批“制造业单项冠军”企业名单，截至目前高新区累计已有 4 家企业进入该名单，入选企业数量位居成都市第一。31 户企业进入工业和信息化部第

四批专精特新“小巨人”企业名单，截至目前高新区累计已有70家企业进入该名单，占成都市比例为35.35%。三是做优做强营商环境“六大生态”，实施优化营商环境“十大攻坚”计划。出台支持集成电路、医药健康、人才引进等政策，发布“政策找企业”惠企项目，优化“政策找企业”主动服务模式。构建“一网通办”场景，推动“一码办成事”改革，推动“四减”，提升“四办”，2022年“一码办成事”使用量达30万人次。完成智慧政务语音医保板块上线，实现医保7×24小时在线服务。

3. 主要经验

（1）聚焦“压舱石”，全力以赴做强实体经济

一是着力提升产业链和供应链韧性和安全水平。全面梳理重点产业链关键领域和薄弱环节，有效推动“六个一批”，打造上下游贯通、左右岸齐备的全产业链体系。二是探索“产业基金+招商引智”新模式，持续推进3000亿元产业基金计划和天使种子基金计划，全力支持一批主导产业企业和优质项目提能升级。三是大力推动产业链企业集群发展。加快培育京东方、极米等“链主”企业，全力打造“制造业单项冠军”和专精特新“小巨人”企业。

（2）聚焦“创新力”，大力实施科教兴国战略

一是深入实施创新驱动发展战略，大力实施“岷山行动”计划，加快建设国家级、省级各类创新平台。持续优化创新创业生态，加大培育国家级孵化载体，深入推动知识产权转化运用，高标准建设四川省知识产权运营中心。二是统筹推进人才引领产业协同创新发展。积极推进“高新工匠”技能人才队伍建设，全方位支持引进一批科学家、产业教

授、高层次“四派人才”创新创业。三是积极办好人民满意的教育。深化学区化治理和集团化办学改革，开展“急难愁盼”学位攻坚行动，建设更多家门口的好学校。

（3）聚焦“开放协同”，构建区域协调发展格局

一是参与推动成渝地区双城经济圈建设，促进两地科技成果双向转移转化，推动一批重大产业项目在两地协同布局，联手打造电子信息世界级产业集群。二是优化区域开放格局，积极探索行政区和经济区适度分离改革，落实跨区域协同招商及共建共赢利益联结机制，主动与上海、德阳、眉山、泸州等地深化战略合作。三是深度参与国际合作，加快国别合作园区建设，积极举办各类国际交流活动，用足用好“蓉欧通道”，加快成都高新制造“走出去”步伐。

（三）贵阳国家高新技术开发区

贵阳国家高新技术开发区（简称贵阳高新区）是1992年经国务院批准建立的贵州省首家国家级高新区，是贵州省大数据产业发展集聚区和“1+8”开放创新平台之一。国务院批复面积5.33平方千米，实际管理面积31.54平方千米，经过多年发展，形成了金阳园、沙文园、修文园、乌当园“一区四园”的发展格局。近年来，贵阳高新区先后获批国家级大数据产业技术创新试验区、国家“双创”示范基地、国家新型工业化产业示范基地等30余个国家级试点示范。2021年，根据科技部火炬中心发布的国家级高新区评价结果，贵阳高新区在全国157个国家高新区中综合排名第39，较2020年上升3位。在赛迪顾问发布的“2022园区高质量发展百强榜单”中，贵阳高新区排名第79，比2021

年上升9位。

作为贵州省首个国家高新区，贵阳高新区牢记“高”“新”发展使命，坚持高质量、高标准工作要求，围绕“强省会”行动、“数字活市”战略，深入实施大数据战略行动，大力发展软件和信息技术服务业，持续推进大数据与实体经济深度融合，全力推动数字化转型，加快经济高质量发展步伐。

1. 发展成效

先行先试创新大数据相关制度。贵阳市成立大数据发展局，出台“大数据十条”“区块链十条”等政策措施，建成投用国家大数据（贵州）综合试验区展示中心；率先获批国家大数据产业技术创新试验区、国家高新区大数据引领产业集群创新发展示范工程等试点示范，率先在全国启动国家大数据产业孵化器，提升政府治理能力，推动大数据应用技术国家工程实验室建设，率先成立贵阳大数据交易所，形成了一批以“享链主权区块链”和“易鲸捷国产融合分布式数据库”为代表的技术创新成果；抢抓“东数西算”等重大战略机遇，引进网易、麒麟、统信等龙头企业，培育东方世纪、高登世德、乐诚技术等本土企业，成为贵阳数字经济产业发展的核心区和引领区①。

不断筑牢开发区数字底座。在贵阳市统一部署下，高新区不断完善信息基础设施，建成国家级互联网骨干直联点、国际互联网数据专用通道等，实现与北京、上海、广州、深圳等28个城市直连。实现5G网络规模化布局，区内实现4G网络全覆盖。实现工业互联网标识解析（贵阳）二级节点上线运行。算力基础设施前瞻布局，建成运行大型数据中心以及中国人工智能开放创新平台等行业领先的算力基础设施，贵

① 叶伟．贵阳高新区：大数据引领高质量发展 [N]. 中国高新技术产业导报，2022-07-04(A6).

阳成为全国八大一体化算力网络国家枢纽节点城市。融合基础设施进一步发展，完成数博大道数字孪生城市建设顶层设计，有序推进公交站点站牌、交通信号灯等基础设施数字化改造，逐步提升城市智能化水平。

奋力做强开发区数字经济。以贵阳打造千亿元级软件和信息技术服务业产业集群为引领，依托云上贵州等全省信创产业平台，率先在高新区布局全省信创产业，大力招引国内信创产业链上游、中游、下游领军企业落户高新区。2021年，贵阳高新区实现500万口径软件和信息技术服务业软件业务收入95.19亿元，同比增长26.6%，纳入工业和信息化部500万口径软件和信息技术服务业统计企业100家，培育大数据及软服业初创型企业28家、成长型企业41家；新增规模以上软服业企业7家，累计达到30家；引进和培育高新翼云、中电高新、翔明科技等一批具有较强竞争力的第三方云计算数据中心骨干企业；国家市场监督管理总局国家公示系统、公安部灾备中心等7个优质数据资源机构成功引入落地，“贵阳云计算中心”累计引入落地国家部委、公安系统、政法系统、广播电视、公共互联网、平台经济等领域共计37家数据资源机构。

积极赋能园区数字运营。一是搭建园区智能中枢。贵阳高新区大力推动智慧园区管理平台建设，将交通、水电、办公空间、工商税收、金融服务、税收优惠、产业链聚合、商业支持、生活园区内的扶持、企业孵化、产学研合作、网络社区、创新机制、生态氛围等要素融合形成“虚拟园区”，不仅可为入驻企业提供各类信息定制服务，也增强了园区对企业创新的推动作用和服务能力。二是打造智慧投资促进平台。2017年8月，贵州省投资促进局打造的大数据精准招商云平台在贵阳高新区正式上线运行。通过大数据分析挖掘的方式，解决高新区传统招商引资过程中存在的目标企业不明确、线索挖掘不精准以及招商成本难控制等问题，使招商目标更明确。针对贵阳高新区重点发展的大数据、大健康、高端制造、高端服务四大产业，平台经过分析比对后，为高新区筛选锁定了全国 200 多万家潜在的引资企业。

着力创建园区数字示范。2021 年，贵阳高新区积极开展“千企改造”工程、“万企融合”行动，获批 8 个国家级、省级、市级大数据示范试点项目，累计获批国家级试点示范项目 19 个、省级重点项目 75 个；新增带动 65 家企业开展大数据与实体经济深度融合，累计带动 316 家企业开展大数据与实体经济深度融合。贵州工业云平台已汇聚工业软件 204 个，工业 App1303 个，连接主要生产设备 3058 台，累计实现近 3000 家企业信息上云，百余家平台系统及业务应用上云，支撑先进制造、电子信息、生态食品等重点领域 30 余家省十大工业产业重点企业转型升级。强化试点示范带动，启动 24 项工业智能化改造项目，改造投资总额达 3.53 亿元，带动全区规模以上工业企业开展智能化改造占比达 80% 以上，其中中航黎阳、振华新材料、航宇科技等 10 个智能制造示范项目顺利通过验收。

持续深化“大数据 +”融合应用。在大数据赋能产业发展的基础上，贵阳高新区积极拓展“大数据 +”融合应用，在服务民生、助力乡村振兴等方面成效卓著。一是“大数据 + 民生安全”方面。依托贵州由你想信息科技有限公司打造全省气瓶安全监管服务平台，目前已在全省范围安装芯片 380 万个，投入“共享气瓶”超 28 万只，实现了可移动压力容器在线监测与安全监管；依托“食品安全云”构建了以食品行业核心数据为基础的食品安全云数据开放平台，采集食品舆情、检测、企业、法律法规、监管各个领域数据 10 亿余条。在互联网医疗方面，依托朗玛信息联合贵阳市第六人民医院发起设立 39 互联网医院，成为国内首家具有合法医疗机构资质的互联网医院，注册用户超过100万个，业务咨询量达300余万次，与近1000家市、县医院合作，与超过2000名院士及领衔专家签约合作，累计完成来自27个省、37个专业的20多万次医疗服务。二是“大数据+乡村振兴”方面。贵阳高新区大力推动“一码贵州”平台建设，该平台是由贵州电子商务云运营有限责任公司负责建设运营的“智慧商务大数据”平台，由“信息采集平台、一站式购物平台、数据管理后台”三大板块构成，旨在通过资源汇聚，打通产供销流通环节，实现信息流、商流、物流、资金流“四流合一”，实现“小农户”与“大市场”的有效对接，解决了农民的果蔬销售难题。同时，“一码贵州”还支持供应端、消费端在一个平台多维度消费，进行一次性结算，以此将交易留在贵州、将数据留在贵州、将产值留在贵州。此外，种植养殖基地、合作社、生产企业等用户机构也可以申请进驻，实现互利共赢、共同发展，进一步筑实乡村振兴基底。在农产品生产数字化建设方面，贵阳高新区依托航天智慧农业重点建设贵阳市2.5万亩高标准设施蔬菜保供基地、长顺县—贵阳市农副产品蔬菜保供基地等重大项目，同时在全国新增推广5万亩智能节水灌溉产品项目，累计实现推广项目达40余万亩，灌溉服务面积达12万亩。在农产品电商平台建设方面，依托电子商务云建设运营“一码贵州”智慧商务大数据平台，“一码贵州”从上线至2022年，累计吸纳省内外3.81万家企业入驻，为广大消费者提供包括特色黔货、农产品、工艺品、酒店预订、出行车票、外卖点餐等不同类型的商品（服务）11.67万个（种），完成了601.15万笔交易订单，交易额达183.68亿元[①]。

---

① 杨婷．高新区数字经济“成绩单”出炉[N]．贵阳日报，2022-02-21(A06).

2. 经验做法

形成较为完善的管理体制。在贵阳市层面组建了全国第一家专门主抓大数据发展的政府工作部门——贵阳市大数据管理局，贵阳高新区管委会也同步成立大数据发展办公室，统筹大数据产业发展、数据管理等事务。依托大数据平台优势，贵阳高新区率先实现“一枚公章管审批”，打造贵州省首个政务服务24小时自助服务大厅，办理“一址多照，工位号登记”等，获批“国家第二批企业创新积分制试点”和“国家科技金融创新服务‘十百千万’专项行动首批实施单位”，贵阳高新区已成为贵州省政策最优、成本最低、环境最好、办事最快的创新创业福地。

强化政策支撑力度。贵阳市出台了《关于以大数据为引领加快打造创新型中心城市的意见》《关于加快推进大数据产业发展的若干意见》《关于加快发展大数据产业的实施意见》等一系列政策文件，提出贵阳市创新驱动发展战略，坚持以大数据战略行动为载体，加快形成以大数据为引领的创新型中心城市发展格局，并完成全国首部大数据立法《贵州省大数据产业发展应用促进条例》，率先建立了大数据标准。

发挥专项资金的引导作用。从2015年起，贵阳高新区设立了1亿元的大数据产业发展基金，通过市场运作方式，培育、发展、壮大数据企业；每年设立5000万元的大数据产业发展专项资金，用于大数据企业的培育和引进、项目建设、科技研发和交流培训等。设立呼叫中心产业股权投资基金，每年出资1亿元作为引导资金，连续几年投入，带动了呼叫中心产业发展。

促进产业聚集与融合发展。贵阳市大力推进企业化、定制式、第三方数据中心建设，提供数据存储、异地灾备和云计算服务，贵阳市数据中心服务器已超过 4 万台。与黔中经济区和贵安新区联动，共同打造“全球呼叫 · 贵阳服务”品牌。贵阳已跃升为继北上广深之后的第五大服务外包与呼叫中心产业聚集地。

强化数据开放和政府治理。贵阳市以基础数据库为支撑，以业务应用为牵引，建设了一大批服务于主要业务的专题和业务数据库，推进了政务信息资源共享利用。结合政府开放的数据，形成一个区域块上集聚的大数据公共平台，全市 17 个部门的 212 项超过 3 亿条可机读数据已接入共享交换平台。实施“数据铁笼”行动计划，全市 40 家市级政府部门全面开展“数据铁笼”建设。建设数据民生综合平台，实现公共安全、社区服务、教育、医疗等多项民生服务在平台的汇聚，解决民生服务碎片化、服务方式被动等问题。

重视大数据人才培育与科技合作。贵阳高新区建成贵州科学城、贵阳国际人才城等物理载体，相继引进清华—贵州大数据研究生实践教育基地落地、上海交通大学—贵州专业学位研究生联合培养基地等高端创新平台，获批建设贵州省唯一的“人才特区”。科技孵化育成体系逐渐成熟，在贵州省率先构建了“创业苗圃—众创空间—孵化器—加速器—产业园”的创业孵化及产业培育全链条，打造了省部共建的中国 · 贵阳留学人员创业园、大学生创业园等载体，获批全国创业孵化示范基地、国家小型微型企业创业创新示范基地、国家双创示范基地等[①]。同时，积极支持产学研合作，联合国内外科研机构和高等院校，支持创建国家级研发中心，营造良好的产学研一体化发展环境。贵阳与国际国内大数据顶级高校、机构、企业建立各种合作，成

① 叶伟 . 贵阳高新区：大数据引领高质量发展 [N]. 中国高新技术产业导报 , 2022-07-04(A6).

立了贵阳大数据研究院、加州伯克利大学贵州大数据创新研究中心、中国科学院软件研究所贵阳分所和大数据国家工程实验室等一系列合作研究机构。

三、产业协同典型案例

（一）东莞松山湖高新技术产业开发区

东莞松山湖高新技术产业开发区（以下简称松山湖）总规划控制面积 103 平方千米，地处粤港澳大湾区核心位置、东莞地理几何中心，坐落于“广深港”黄金腹地，南邻香港、深圳，北靠广州，是珠三角国家自主创新示范区重要成员、广深港澳科技创新走廊重要节点。松山湖于 2001 年建园，2010 年获批国家高新技术产业开发区，2012 年获批国家生态示范工业园区，2015 年入围珠三角国家自主创新示范区，2020 年 7 月，松山湖科学城获国家发展改革委、科技部批复，成为大湾区综合性国家科学中心先行启动区，被正式纳入国家战略布局。凭借强劲的发展实力和突飞猛进的发展速度，松山湖先后获批为国家新型工业化产业示范基地（电子信息·通信设备）、国家外贸转型升级基地（电子信息）、国家绿色产业示范基地、国家大众创业万众创新示范基地（全球化创业方向）等国字号基地。松山湖在全国 157 个国家高新区中综合实力位列第 25；在全省 14 个国家高新区中位列第四（根据科技部火炬中心通报的 2021 年度国家高新区综合评价结果得出）。

1. 发展成效

松山湖深入贯彻落实习近平新时代中国特色社会主义思想，积极践行新发展理念，做实新发展格局战略支点，经济产业加速高质量发展，特别是面对新冠疫情及中美经贸摩擦的不利局面，园区依托先进制造业优势，以发展战略性新兴产业为抓手，以数字技术赋能产业转型升级，以科技创新孕育发展新动能，经济发展始终保持强大韧性。松山湖于2014年以“电子信息（通信设备）· 松山湖高新区”的名义成功申报为第五批国家新型工业化产业示范基地（以下简称示范基地）。根据工业和信息化部2022年7月公布的全国新型工业化产业示范基地2021年发展质量评价结果，松山湖连续四年获评五星基地，是广东省当年获评的唯一五星基地。2022年前三季度，松山湖示范基地实现工业增加值470多亿元，同比增长8.8%。

2. 发展定位

自示范基地设立以来，松山湖瞄准战略性新兴产业发展机遇，坚持产业高端发展方向，重点发展电子信息产业，积极拓展生物、机器人与智能装备、新材料产业，加快发展现代服务业，不断推动产业发展向更高层次迈进，着力打造多元融合、多极支撑的现代化产业体系。园区已集聚企业13100家，其中“四上企业”539家、国内A股上市企业7家、市定上市后备企业39家、营业收入超亿元的企业178家（超千亿元企业1家、超百亿元企业6家、超10亿元企业23家）、专精特新“小巨人”企业11家，先进制造业增加值和高技术制造业增加值分别占园区规上工业增加值的38.8%和86.5%，已成为先进制造业的集聚区。

电子信息产业始终是松山湖的重点发展产业，已发展成为松山湖千亿元规模的支柱产业，其中规上企业达 98 家，占园区规上工业企业总数的 42.8%，2021 年实现规模以上工业总产值 3130.01 亿元。特别是在通信设备、智能终端等领域达到国内领先、国际先进水平，形成了从基础设备、通信网络、研发平台、生产制造、运营管理到应用服务的完整产业链，聚集了华为终端、华为机器、新能源科技（电池多领域供应量全球第一）、立讯精密（消费电子连接器领域全国规模第一）、生益科技（覆铜板产量全国第一）、华贝电子（智能手机代工领域的龙头企业）、歌尔（微型麦克风领域国际同行业之首）、长盈精密（手机结构件领域全国领先）、蓝思科技（高端显示屏触控功能玻璃面板全球最大供应商）等诸多行业龙头和知名企业。

围绕电子信息产业强链补链，加强产业链协作。一是成立专班，积极支持龙头企业做大做强。松山湖成立龙头企业服务专班，在推动项目投资建设、强化项目用地保障、稳定企业经营基本面、拓展合作领域项目、完善基础设施和交通通行能力建设、持续提供科技教育保障、提升企业周边城市化配套率和整治环境等方面强化工作，进行专题研究和专人跟踪，帮助企业快速解决问题，助力企业拓展业务、提质增效。二是强化服务，大力培育专精特新企业。完善宣传和服务，大力推动企业积极申报省级专精特新中小企业和国家级专精特新“小巨人”企业。从产业空间、融资、人才等方面强化对专精特新企业的支持，切实推动专精特新企业加快发展。松山湖已有 11 家国家级小巨人企业和 17 家省级专精特新企业，其中生益科技的高性能刚性覆铜板入选了国家 2021 年“制造业单项冠军”产品名单。三是瞄准产业链关键环节，加大招商和培育力度。聚焦研发设计、半导体材料及设备、封装测试等产业环节，不断培育打造半导体及集成电路产业发展新优势。例如，新引进的广东光大第三代半导体科研制造中心项目，已自主研发了全球首台 21 片（2 英寸）氮化镓单晶衬底生产设备，建成了全球首条自主知识产权的次毫米发光二极管（Mini LED）/ 微发光二极管（Micro LED）巨量转移自动化显示模组量产生产线。

促进数字技术与制造业深度融合，助推企业转型升级。园区紧抓数字经济发展契机，强化云计算、人工智能、工业互联网等新技术供给能力，构建有软件产品适配、有数字技术支撑、有自主可控能力、有综合服务配套的数字化发展生态，赋能先进制造业绿色高质量发展。一是创建东莞市华为制造业数字化转型赋能中心，推行“松山湖产业云”项目。通过引入优质数字服务企业和提供项目补贴，助力园区企业积极上云用云，推动制造业由“制造”向“智造”转变。园区已扶持 113 家企业上云用云，累计投入金额达 7024 万元，推动 90 家规上工业企业完成数字化转型升级，助力 2021 年“倍增企业”营收同比增长超过三成，生益科技、记忆存储等数字化转型标杆企业营收同比增长五成。二是搭建数字综合服务平台，数字诊断对接能力持续提升。以“集聚数字产业化，赋能产业数字化”为目标，整合融通软件产业园、数字化转型赋能平台、数字化转型服务商等力量，打造具备数字化转型方案诊断、数字产业项目孵化、数字产业人才培育、数字资源汇聚对接、信息技术应用创新等数字化综合服务功能的东莞市工业数字大厦。东莞市工业数字大厦于 2022 年 6 月正式对外开放，已有 60 余家数字化转型服务商、17 家数字化转型行业标杆企业及 2 家高端装备企业入驻，为数字化转型不同阶段的企业提供一站式综合服务。三是建设软件企业集聚平台，全面增强软件产品输出能力。松山湖布局建设 5 家软件产业园，全园区累计集聚软件行业企业 1000 多家，包括易宝软件、虹勤通讯、中软国际等一批具备软件综合开发实力的企业，软件行业人才超过1.5万人。园区软件产业已基本建立基础软件、应用软件、工业软件、定制软件、嵌入式系统软件等软件产品开发体系，以及信息技术咨询设计、信息系统集成服务、数据及云服务、信息安全等软件技术服务能力体系，为制造业高质量发展提供了强大的“软支撑”。

构建多元支撑现代化产业体系，实现产业联动发展。智能制造是电子信息技术与制造业的深度融合，新材料是各领域制造业创新提升的基石。松山湖在重点发展电子信息产业的同时，选定智能制造、新材料等领域产业重点培育，建立相关研发机构，进行相关产业孵化培育，布局了东部智能制造产业基地、东莞新材料产业基地等战略性新兴产业基地，巩固增强松山湖电子信息产业体系的完整性、稳定性和平衡性，强化产业间的联动协同发展。发展至今，松山湖智能装备制造产业已广泛覆盖高端装备制造、服务业机器人制造、机器人本体制造及研发设计、系统集成等领域，形成了以机器人系统集成商、核心零部件企业和智能装备企业为主体的技术领先、配套完善的产业集群。特别是李群自动化成为世界第二家、国内首家拥有全品类工业机器人产品的企业，是全国首家拥有全系列轻量型机器人的制造者，其自主研发的新一代分布式驱控电一体化智能控制器和机器人图形化开发平台，打破了国外相关技术垄断。松山湖新材料产业形成了以中国散裂中子源、松山湖材料实验室等为科技支撑，以服务电子信息技术、智能制造、生物等产业链补链稳链强链为主线的科技赋能、协同发展的格局。园区整合新材料领域科技和产业资源，建立“学校＋大科学装置（科研机构）＋龙头科技企业”的“科教产合作共同体”，依托松山湖材料实验室推动新材料超快激光极端精细加工技术、第三代半导体材料和器件、仿生控冰冷冻保存材料等一批前沿新材料技术产业化，成功孵化了30多家企业。

扎实推进综合性国家科学中心建设，释放科技创新活力。松山湖以建设科学城为抓手、重点以大装置集聚区为依托打造核心创新区，扎实推进一大批标志性的大科学装置、重点实验室、高水平研究型大学项目。大科学装置方面，国内首台大气中子辐照谱仪（散裂中子源8台用户谱仪之一）通过验收，散裂中子源二期及先进阿秒激光获批纳入国家重大科技基础设施“十四五”规划，并完成立项准备。大平台、大学府方面，松山湖材料实验室一期工程基本完工，正在进行竣工验收工作。香港城市大学（东莞）获教育部批准筹建，一期工程正在推进主体施工，首个单体已封顶。大湾区大学（松山湖校区）一标段工程正式动工，预计2023年7月建成交付。

依托已建成的中国散裂中子源项目、松山湖材料实验室等，松山湖积极推进科技成果转化为产业投资项目，拓展新的投资增长车道。其中，依托散裂中子源一期项目，中科院高能物理研究所取得硼中子俘获治疗装置重大科技成果，目前该成果已实现产业化落地，项目公司——国科中子医疗科技有限公司已落户松山湖万汇云谷产业园。松山湖材料实验室已引进25个创新样板工厂团队，在光电子材料、锂电池材料等方面形成了多项科技成果，孵化近40家产业化企业。

3. 经验做法

建设产业示范基地应重点打造主导产业集聚区。产业集聚区是指统一规划、企业相对比较集中、可实现资源集约利用、可提高整体效益的区域，是由具有共性或互补性而相互联系的企业，依托相关的功能服务平台支撑，在空间上集聚，并形成强劲、持续竞争优势的经济群落，其在集聚生产要素、优化资源配置、加快制度创新、营造产业生态环境等方面发挥着越来越重要的作用。松山湖通过完善以电子信息产业为主导的产业链，以提高产业实力为目标，加强企业服务和企业培育工作，已形成稳定的电子信息产业链，成为具有自我创新、自我发展能力的电子信息产业集聚区，显著增加了区域产业发展的竞争力和可持续性。

建设产业示范基地应注重主导产业的转型升级。主导产业是区域的支柱性产业，主导产业发展的好坏决定区域经济发展的成败。随着产业迭代周期缩减，重视主导产业的转型升级成为不可忽视的重要任务。松山湖在推动园区电子信息产业为主导的产业转型升级方面不遗余力，主动与优质专业服务商合作，为园区企业提供量身打造的点对点数字化服务，极大提高了园区企业生产和管理的智能化水平，提高了产业发展质量。

建设产业示范基地应坚持科技创新引领产业发展。科技创新为转变经济发展方式、调整经济结构、优化经济体系提供内生动力，是引领发展的第一动力。科技创新是松山湖的“名片”，一方面，松山湖拥有中国最大的科学装置——散裂中子源，聚集了松山湖科学城、大学创新城等一大批创新驱动机构，为松山湖的创新发展提供了强劲的动力；另一方面，依托电子信息技术产业集聚发展基础、产业协同发展优势，企业自主创新意识不断增强，龙头企业注重研发投入与专利布局，从“跟跑”向“领跑”不断迈进，集群创新载体、创新生态趋向良性递增发展。随着5G下一代通信技术、人工智能、物联网、大数据、移动互联网等新兴技术的发展应用，松山湖电子信息技术产业将加速向数字化、高端化跨越发展。

（二）长沙经济技术开发区

近年来，长沙经济技术开发区（以下简称长沙经开区）紧扣“三高四新”战略定位和使命任务，全面贯彻中央和省、市决策部署，充分发挥“两区”叠加独特比较优势，主动融入长株潭一体化，全力推动园区高质量、产业高端化发展。园区工程机械、汽车及零部件、电子信息“两主一特”产业创新发展，培育了三一集团、铁建重工、山河智能等全球工程机械 50 强企业，集聚了上汽大众、广汽三菱、北汽福田、三一重卡、博世长沙、住友橡胶、索恩格等汽车及零部件知名企业，引进了蓝思科技、国科微等电子信息龙头企业。

2021 年，长沙经开区技工贸（即技术、加工、贸易）总收入同比增长 10%，规模工业总产值同比增长 14.3%，规模工业增加值同比增长 10.9%；完成全社会固定资产投资同比增长 11.5%，其中产业投资同比增长 30.6%；财政总收入同比增长 2.3%，全年减税降费 13.7 亿元。在商务部公布的 2021 年国家级经济技术开发区综合发展水平考核评价结果中，长沙经开区位列第 14，营商环境在国家级经济技术开发区中位居全国第 7、中部地区第 1。

1. 发展成效

（1）集聚发展，园区工程机械产业规模不断扩大

行业地位显著。经历十余年的发展，长沙经开区工程机械产业的产值已占湖南省的 3/5。2021 年，园区的工程机械产业在行业深度调整、经济下行的大环境下工业增加值增长 16.2%。在 2021 年度全球工程机械制造商 50 强榜单上，三一重工、铁建重工、山河智能分别位列第 4、第 30、第 32；三一重工首次跻身全球企业 500 强，居总榜单第 468，较上一年大幅上升 235 个位次，是榜单中排名中国第 1、全球第 2 的工程机械企业，也是中国首家入选《福布斯》全球 500 强的工程机械行业企业。

产品种类繁多。长沙经开区工程机械企业生产的产品涉及 12 个大

类、100 多个小类、400 多个型号，是全球工程机械产业品种门类最齐全、知名企业聚集数量最多的经济开发区。三一集团 2021 年挖掘机产品销量突破 10 万台大关（三一挖掘机 2021 年在国内销售近 7.8 万台，全年市场占有率首次超过 30%；国际销量突破 2.2 万台，实现翻倍增长），迎来里程碑式新跨越。山河智能生产的液压静力压桩机市场占有率达 70%，稳居全球第一，并获得国家科技进步二等奖；山河智能旋挖钻机的市场份额方面位列中国第一梯队，桩工类产品市场占有率业内第 1。中联工起生产的 30 吨及以上汽车起重机销售居行业第一，大吨位汽车起重机 2021 年销量同比增长超过 30%。

创新主体蓬勃发展。2021 年，园区新增国家级、省级、市级专精特新小巨人企业 36 家，新增国家级、省级、市级企业技术中心 8 家。三一集团建成全球最先进、亚洲最大的现代化数字工厂，其企业控制中心（ECC）被央媒誉为“中国智造”的骄傲，其三一桩机工厂成为全球重工行业首家获得认证的“灯塔工厂”；铁建重工全电脑三臂凿岩台车成为智能制造的引领标杆。

（2）转型升级，高端装备智能制造水平全面提升

示范引领作用凸显。近年来，长沙经开区被评为湖南省“5G+ 工业互联网”先导区，出台了新一代信息技术与制造业深度融合方面的若干政策及实施细则、揭榜指南，在全国率先推动智能制造“揭榜挂帅”，发布面向数字孪生、区块链、5G 全连接工厂等领域的首批 9 大项目，获《人民日报》专题报道；深入实践“智改数转”工程，将“合同约定、场景示范、生态合作、标准验证”等机制运用到智能制造项目培育中，全面解决企业“不敢转”“不会转”“资源少”“管理难”的问题，“解决四大难题 打造制造业数字化转型新方案”入选中国（湖南）自贸

实验区长沙片区“十大改革创新实践案例”；持续推进智慧园区信息化项目建设，编制了《智慧园区“十四五”发展规划》等系列文件。

智能制造建设成果显著。2021年，园区新增市级智能制造试点企业31家，三一集团、山河智能、蓝思科技（长沙）入选2021年度国家智能制造试点示范工厂揭榜单位名单；新增省级智能制造系统解决方案供应商16家（园区总数达到30家）。博世长沙被世界经济论坛评选为“灯塔工厂”，成为湖南省第一家荣获“灯塔工厂”称号的智能制造工厂。中国信息通信研究院中南基地、中国工业与应用数学学会总部办公基地两家国家级科研平台在园区落户，中国信息通信研究院（湖南）工业互联网创新中心正式运营。长沙经开区的生态汇聚能力逐步凸显；长株潭智能制造领域“一体化”协同不断加快。

（3）绿色发展，园区生态环境质量持续提升

绿色发展机制体制日趋完善。成立绿色园区创建工作领导小组，组织编制绿色园区发展规划，从战略高度做好绿色园区的顶层设计，2021年成功申报为国家级、省级绿色园区。园区启动循环低碳试点工业园区建设方案编制工作，加快创建绿色低碳园区。坚持绿色发展理念，积极推进绿色制造。截至2021年，长沙经开区共有国家级绿色工厂10家，省级绿色工厂9家，省级以上绿色产品5种。

绿色质量持续提升。有序推进危险废物大排查大整治工作，严格落实“洞庭清波”专项行动督导问题后续整改工作，积极开展涉铊污染专项整治，督促“雨污分流”相关整治工作。园区国控站点空气质量优良率为81%。资源能源节约利用水平显著提高。全面完成国家和省、市下达的节能降耗、碳排放下降目标，资源利用效率显著提升，资源循环利用体系基本建成，工业固废综合利用率达到91.45%。近三年来，园

区组织30余家企业开展自愿性清洁生产审核，园区企业资源能源节约利用水平显著提高。

2. 经验做法

第一，产业转型升级，积蓄经济新动能。长沙经开区高度重视科技创新，以智能制造带动传统制造业转型升级的步伐明显加快。长沙经开区2021年完成规上工业研发投入56.5亿元，完成技术贸易合同58.3亿元。长沙经开区被认定为长沙市首家技术转移转化基地；湖南省知识产权综合服务中心长沙经开区分中心挂牌成立，完成知识产权质押融资16笔，融资金额达5.18亿元，排名全省第一。长沙经开区获第二十二届中国专利奖6项，其中铁建重工“敞开式掘进机”斩获中国专利金奖，“一种用于TBM的刀盘驱动系统”和“自走式采棉机”分别获得中国专利优秀奖和中国外观设计优秀奖；山河智能液压静力压桩机与三一汽车混凝土泵车获评国家“制造业单项冠军”产品。铁建重工成功研制出国内首台中低速磁浮智能巡检车；山河智能旋挖钻机已实现全球首创5G智能遥控下的精确施工，自主研制了国内首款完全具有自主知识产权的全复合材料轻型运动飞机。

第二，加快产业布局，构筑区位新优势。通过完善采购供应链、生产制造链、终端销售服务链，支持企业原地裂变发展。聚焦工程机械高端装备，引进完善产业链环节项目。强化配套支撑，出台促进湖南工程机械产业主配协同创新发展的政策措施，在零部件首台套（首批次）研发应用、配套企业做大做强等方面给予积极支持。协助成立湖南省工程机械二手设备出口行业联盟，用好自贸改革平台赋能工程机械二手设备改革再突破，不断拓展探索产业发展的新模式，成功获批设立机械与动力工程专业高级职称评审委员会，为全省唯一获批组建高级职称评审委员会的园区。

第三，构筑开放新格局，释放发展新活力。紧扣“打造全球高端装备制造业基地”的使命定位，以制度创新为核心，以制度赋能、政策授权、服务国际化为思路，大力推动园区高质量发展、产业高端化发展。整合资源，开发高端产品，完善和延伸产业链，在开拓海外市场机遇上，长沙经开区工程机械企业呈领跑态势。三一集团2021年实现海外销售同比增长近70%，在多个国家和地区稳居“第一品牌”地位。铁建重工在新加坡、泰国、印度等国家先后设立11个区域经营分支机构，已实现包括全断面硬岩隧道掘进机（TBM）、盾构机、钻爆法隧道装备在内的多种类别产品海外业绩突破。山河智能挖掘机在欧洲保有量已经超过2万台，2021年出口营收同比增长近一倍。

第四，培育发展沃土，解决企业后顾之忧。制订《开展“千人帮千企”暖企行动实施方案（2021—2023年）》，深入践行一线工作法，向全部规上企业派驻驻企联络员，摸实情、送政策、解难题、谋发展，“一链一策”“一企一策”帮助企业纾困增效。举办工程机械关键技术供需对接，构建产业链供需平台，强化“线上+线下”对接机制，形成产品、技术、载体、活动等供需对接常态化机制。

四、绿色生态典型案例

（一）包头稀土高新技术产业开发区

2010年，包头稀土高新技术产业开发区（以下简称包头稀土高新区）获批成为全国首批“国家新型工业化产业示范基地有色金属（稀土新材料）基地”。12 年来，包头稀土高新区不断转变发展模式，创新发展思路，优化发展环境，全面推进稀土产业转型升级和高质量发展，实现了申报国家新型工业化产业示范基地的初衷。

1. 发展成效

包头稀土高新区稀土企业数量从 2009 年的 68 家增长到 2021 年的 120 家；稀土规上企业产值由 2009 年的 103 亿元增长到 2021 年的 211 亿元，2022 年 1 月到 6 月已实现产值 242 亿元；稀土上市公司投资企业从 2009 年的 2 家发展到 2021 年的 8 家；稀土永磁材料产能从 2009 年的 2.3 万吨发展到 2021 年的 15 万吨；稀土科技创新配套能力显著增强，国家级科技创新平台从 2009 年的 1 家增长到 2021 年的 8 家。该园区引进合作成立上海交通大学包头材料研究院、中科院包头稀土产业研发中心。包头稀土产业从规模、质量、集聚、创新等多个方面实现了突破，形成了全国新型工业化产业基地的示范效应。

包头稀土高新区稀土产业形成了由稀土原材料到新材料再到终端应用的全产业链条和集科研、生产、检测、交易为一体的稀土产业集群，汇集 120 家稀土企业及相关配套企业，其中稀土新材料及应用企业 90 多家，从业人员超万人。2021 年包头稀土高新区全年生产冶炼产品 9 万吨，占全国产量的一半以上；稀土永磁材料产量 41062 吨，同比增长 29.5%，稀土就地转化率提升至 80%。包头稀土高新区已成功召开了第十三届中国包头 · 稀土产业论坛。包头稀土高新区成立了包头稀土产品交易所，推出稀土价格指数，打造中国首家稀土产品交易平台。

2. 发展定位

国家高度重视稀土产业的发展和产业链的延伸，对包头市白云鄂博铁—稀土及多种共伴生资源的综合利用高度关注，经过几代人艰苦努力和历届政府强有力领导，集全国之力解决了采选冶用的一系列科技攻关及产业发展的重大课题。包头市作为国家重要的稀土资源地和产业集聚地，已成为全国重要的稀土功能材料生产、应用基地及科研、信息、数据中心。

包头稀土高新区稀土产业发展工作也得到国家有关部委的认可，先后被国家科技部、原工业部（现工业和信息化部）、商务部等部委授予国家稀土新材料成果转化及产业化基地、国家新型工业化产业（稀土新材料）示范基地、全国稀土新材料产业知名品牌创建示范区、全国产业转型升级示范园区、全国稀土外贸转型示范区等荣誉。

3. 经验做法

提高资源利用率，走稀土产业绿色、高端发展之路，是包头稀土高新区与生俱来的基因，早已融入每一位园区人的血脉。

优化制度供给，产业“调高调绿”。做优做强实体经济，绿色转型是必由之路。包头稀土高新区不断探索长效治理机制，引导企业绿色化、数字化转型。包头稀土高新区成立节能减排领导小组，正在探索形成“亩产论英雄”与“创新论英雄”相结合的工业企业资源集约利用综合评价机制，配套差别化用地、用能政策，从供给侧引导企业转型绿色制造。①

包头天和磁材科技股份有限公司是园区运用高端自动化装备的高

① 张海芳，李宝乐．稀土高新区全力打造绿色发展新样本 [N]. 包头日报 , 2022-07-15(07).

新技术企业代表，企业在信息化和智能化建设方面投入大量资金，主要用于企业资源计划系统（ERP）、工业互联网平台（IMS）、质量系统（QMS）及相关网络硬件建设，并以平均每年 30%~50% 的增长率继续加大资金投入。

包头稀土高新区还在积极引导园区内企业进行节能技改，加强绿色发展能力建设、绿色制造体系建设等，为打造绿色发展示范区积蓄“绿色动能”。包头韵升科技发展有限公司年产 15000 吨高性能稀土永磁材料的智能制造项目总投资 11 亿元，是行业内首家提出并实施“数字化车间”和“黑灯工厂”的智能制造项目。

在政策制度引导下，包头稀土高新区企业不断迸发创新动能，多家绿色工厂、绿色产品、绿色供应链企业成为行业示范，绿色已然成为区内企业发展的“主色调”。包头稀土高新区也在《工业和信息化部办公厅关于公布 2021 年度绿色制造名单的通知》中榜上有名，获批成为 2021 年度绿色工业园区。

培育低碳样本，当好发展“领跑者”。2021 年初，科技部印发的《国家高新区绿色发展专项行动实施方案》提出，在国家高新区率先实现联合国 2030 年可持续发展议程、工业废水近零排放、碳达峰等目标，部分高新区率先实现碳中和。

绿色发展在包头稀土高新区已经拥有现实样本。走进英思特稀磁新材料股份有限公司，“科技创新，绿色传动，用绿色资源驱动绿色应用”的发展口号在产品展示区赫然醒目。经过十多年持续聚焦发展，包头稀土高新区已成为稀土产业创新资源最集聚的区域之一，将在落实国家能源战略、促进绿色发展等方面起到积极推动作用。

在“双碳”目标下，加快形成绿色发展方式和生活方式，培育绿色产业体系，成为我国经济社会普遍关注的新课题。“十四五”期间，包头将加大稀土科技创新工作力度，大幅提升科研投入强度，打造稀土技术创新高地，推动稀土产业绿色高质量发展。包头稀土高新区将立足新发展阶段，坚持新发展理念，持续加强绿色技术供给，构建绿色产业体系，健全绿色发展机制，探索科技创新引领绿色崛起的高质量发展路径，加速推进稀土产业绿色转型、可持续发展。

（二）兰州经济技术开发区

兰州经济技术开发区（以下简称兰州经开区）始建于 1993 年，2002 年经国务院批准为国家级开发区。兰州经开区空间布局为“一区六园”，规划面积为 270.32 平方千米。全区现有企业 2130 家，其中规模以上工业企业 80 家、高新技术企业 101 家、外经贸企业 101 家、外商投资企业 30 家。在全国 217 个国家级经开区中，兰州经开区排名第 120（根据商务部 2022 年公布的年度综合考评结果）。在自然资源部对全国 111 个产城融合型开发区土地集约利用的测评中，兰州经开区排名第 17。兰州经开区先后荣获第五批国家“城市矿产”示范基地、国家级绿色工业园区、省级绿色园区等称号。“十三五”期末，园区单位规上工业增加值能耗为 2.14 吨标准煤 / 万元，单位规上工业增加值水耗为 8 立方米 / 万元，单位工业增加值化学需氧量（COD）排放量为 0.059 千克 / 万元，单位工业增加值二氧化硫排放量为 5.588 千克 / 万元，单位工业增加值氮氧化物排放量为 0.447 千克 / 万元，单位工业增加值氨氮排放量为 0.003 千克 / 万元，工业固体废物综合利用率为 75.4%。

1. 发展成效

近年来，兰州经开区全面落实习近平总书记在甘肃考察重要讲话精神[①]，完整、准确、全面贯彻落实新发展理念，认真践行“绿水青山就是金山银山”的价值观，坚持“保护生态环境就是保护生产力，改善生态环境就是发展生产力”的发展观，坚持绿色循环低碳发展，大力开展园区循环化改造，推进资源节约集约利用，积极构建特色鲜明、梯度有序、互补发展的绿色生态产业体系，打造了资源循环型产业体系和废旧物资循环利用体系，绿色、循环、低碳发展迈出坚实步伐，生态文明建设取得重大成就。

兰州经开区抢抓推进西部大开发形成新格局、黄河流域生态保护和高质量发展、兰西城市群建设、甘肃省循环经济示范区建设等重大机遇，将推进新型工业化、发展循环经济作为推动园区经济社会转型跨越发展的重要战略方向，发展壮大有色冶金循环经济产业链和“城市矿产”循环经济产业链，多元产业有机融合的现代生态型循环经济产业园区渐具雏形。

一是有色冶金产业链日益发展壮大。以兰州铝业为主导，在已建成的兰州铝业 43 万吨电解铝生产线、90 万千瓦自备电厂、23 万吨炭素生产线等项目的基础上，不断延伸有色冶金循环经济产业链，着力打造铝基循环经济产业基地。甘棠科技 2 万吨铝卷和 5 万吨小板锭生产线、金霸铝业 15 万吨铝棒及 5 万吨铝型材加工生产线、兰亚铝业 20 万吨铝型材加工生产线、新天地铝业 20 万吨铝合金圆锭生产线等项目建成投产，形成了以“煤电—电解铝 + 废铝再利用—铝精深加工—铝型材”为主要内容的有色冶金循环经济产业链，产业链附加值和效益显著增加。

二是“城市矿产”产业链日趋完善成熟。以兰州兴盛源再生资源循

---

① 董洪亮，付文，银燕，等. 加快建设幸福美好新甘肃——习近平总书记甘肃考察重要讲话引发热烈反响 [N]. 人民日报，2019-08-24（01）.

环经济加工产业园有限公司（以下简称兰州兴盛源）为龙头，不断延伸“城市矿产”循环经济产业链，倾力打造国家“城市矿产”示范基地，以“废弃—回收—拆解—加工—深加工”模式的循环型产业链条为核心，建设废电线电缆、废家电、报废汽车、废塑料、废钢、废橡胶、废纸、电解废料等分拣加工利用生产线，形成报废汽车拆解，废纸再利用，废家电、废钢铁、废橡胶再利用等废旧资源回收加工利用产业链条。

三是高端炭素产业融合发展形成新格局。以宝方炭材料科技有限公司1万吨/年的超高功率石墨电极项目为依托，加快炭素新材料产业发展，形成了以特种石墨制品、堆内构件、炭复合材料生产为主导，以炭素制品及其附属产品为重点的“超、大、高”石墨电极、“新、精、全”炭砖和“高、精、尖”炭素新材料综合发展的格局。优先发展炭素新材料，重点发展炭砖，稳定发展石墨电极，进一步扩大炭素加工能力，促进炭素产业链条延伸，形成“石油焦—炭素制品—石墨碎料再利用—炭素制品”高端炭素循环经济产业链，建设炭素及相关产品研发生产基地。

四是工业废弃物资源化循环利用积极推进。围绕已有再生资源循环利用产业、兰州市及甘青两省周边区域的固体废弃物，以甘肃工业废弃物资源化利用及无害化处置项目为依托，积极推进“工业产生固废（危废）—预处理—资源化、减量化、无害化—填埋/再循环”的循环产业链，实现工业固废集中处理、城市固废回收处理。

2. 经验做法

（1）做强做大国家“城市矿产”示范基地

兰州经开区坚持节约资源和保护环境，加快国家绿色工业园区建设，牢固树立“管理+服务、抓好大项目”的服务理念，以国家平台促转型提升，以项目建设提发展后劲，推行企业循环式生产、产业循环式组合、园区循环式改造。经国家发展改革委和财政部审核，确定兰州经开区红古园区国家“城市矿产”示范基地重点建设项目共16个，总投资额14.28亿元，累计获取中央财政补助资金0.75亿元。16个计划实施项目均按期完成，计划投资14.28亿元，实际完成投资14.58亿元。其中：回收体系建设项目3个，计划投资2.15亿元，实际完成投资2.22亿元，再生资源分拣中心、西部再生资源信息交易平台2个项目建成运营，在兰州市建成250个网点，省外建设208个回收网点；加工处理项目10个，计划投资10.85亿元，实际完成投资11.03亿元，5万吨废电线电缆拆解项目、100万台废家电拆解项目、1.18万辆报废汽车拆解加工项目、10万吨废塑料加工项目、35万吨钢铁洁净钢生产项目、6.5万吨废橡胶（复原胶）加工再利用项目、20万吨铝型材加工项目、20万吨铝合金圆锭项目、9.9万吨废旧铝处理深加工项目、15万吨铝棒5万吨铝型材项目均建成运营；公共基础设施项目3个，计划投资1.28亿元，实际完成投资1.33亿元，西部城市矿产工程技术中心、污水处理中心及管网建设项目、固废处理中心均建成运营。此外，基地还自主开展红安纸业12万吨废纸（废黄板纸）再制造造纸项目和盛邦包装4000万平方米包装纸板纸箱项目，实际完成投资3.7亿元，项目已建成投产。总投资25亿元的甘肃工业废弃物资源化利用及无害化处置项目被列入甘肃省“十四五”规划和兰西城市群节点城市发展规划，项目规划占地850亩，年处理危险废物90万吨，预计达产后年营业收入50亿元，预计年上缴税金5亿元。项目投产后，将构建集危险废物的“收集—贮存—无害化处理—资源化利用”于一体的产业链。

国家“城市矿产”示范基地建设效果显著。① 促进了资源循环利用。通过重点项目的推进和循环经济产业链的培育，促进了周边地区再生资源的回收和集聚，形成了集中处理优势；按照“3R”原则增加再生资源的重复利用率，在一定程度上弥补了区域资源不足的劣势，支撑了相关产业和企业的发展。兰州铝业、兰州兴盛源、红安纸业等企业已成为示范基地的龙头骨干企业，企业技术装备达到国内先进水平，使企业发展、基地发展和区域发展融为一体，探索创新了循环经济发展新路径。② 探索了“互联网 +”回收模式。园区建设的“西部再生资源信息交易平台”于 2017 年 6 月开始上线调试，兰州兴盛源联合兰州三维数字社会服务管理中心建立废旧物资电话预约平台，开通 12345 民情通及 965955 百姓回收服务热线，通过西部再生资源信息交易平台结合 965955 热线共同打造“互联网 +”新型线上服务平台和线下服务体系，形成线上投废、线下物流的“互联网 +”回收模式，逐步改变了传统回收企业小、散、差的状况。

（2）积极打造生态绿色发展新载体

2018 年 6 月 27 日，中共兰州市委、兰州市人民政府赋予兰州经开区建设生态修复与产业发展示范区的使命。生态修复与产业发展示范区规划面积 105 平方千米，建立该区是兰州市加强黄河流域生态保护、推进高质量发展的重要举措之一，也是拓展城市发展空间、弥补城市发展短板、培育经济发展新增长极的一项重大战略部署，兼具“加大生态文明建设，铸就美丽精致兰州”的重大意义。兰州经开区按照“一年启动实施、三年拉开框架、五年初见成效”的工作时序，先期开展 21.07 平方千米的起步区建设，努力将示范区打造成为国家西部地区生态修复试验区、兰州市生态工业示范区、经开区绿色创新发展集聚区和对外承接产业转移合作区，助推生态文明建设高质量发展。规划方面，先后完成示范区空间规划、起步区控制性详细规划、市政基础设施专项规划、生态修复专项规划等。土地方面，7145 亩建设用地指标获得甘肃省自然资源厅批准，对起步区 342.8 亩国有建设用地使用权进行公开出让。基础设施方面，示范区（起步区）S1502# 路、咸水沟（皋兰段）等 5 个续建项目均复工建设，望河城·水郡 1 个新建项目已开工建设；T1514# 路北段工程、望河城·青塬等 8 个项目已启动前期手续办理工作。

五、参与全球产业链典型案例

（一）上海临港装备产业区

上海临港装备产业区（以下简称临港产业区）是上海自由贸易试验区临港新片区（以下简称新片区）先行启动区域的重要组成部分，也是上海建设具有全球影响力的科技创新中心主体承载区的核心区域。自 2003 年启动建设以来，临港产业区就按照“体现国家战略、体现上海优势、体现国际竞争力”的发展思路和“高端制造、智能制造、自主制造”的产业定位，坚持“联合大企业、引进大项目、建设大基地”要求，特别是注重瞄准国际先进水平、填补国内空白的领域，大力推进、优先支持具有自主知识产权、自主品牌的产业项目，形成高端产业集群集聚。

1. 发展成效

根据 2006 年《国务院关于加快振兴装备制造业的若干意见》确定的重大专项目录，临港产业区规划建设了新能源智能网联汽车、新能源装备、船舶动力、工程机械、海工钻井、民用航空设备及关键零部件六大产业制造基地，全力打造以民用航空动力园、集成电路产业园、再制造产业园为代表的战略性新兴产业园区，产业项目涉及16个重大专项中的8个。

新能源智能网联汽车基地。上汽集团临港自主品牌整车基地实现满产，新车型和高端车型均在临港生产，特斯拉超级工厂项目（一期）建成投产，2021年特斯拉产值超过千亿元，智能新能源汽车成为新片区首个千亿元产业集群。今后临港新片区完全有能力超越嘉定、金桥，成为上海汽车工业第一极。

新能源装备基地。上海电气临港核电装备基地在全国技术最全、业绩最多、产业链最完整、综合实力最强。核电反应堆堆芯主设备有“14个全国第一”，关键制造技术处于国际先进水平。国家电力投资集团重型燃气轮机研制基地正在建设中，中科院工程热物理研究所高效低碳燃气轮机试验装置项目的研究支撑能力位居世界前列。新奥临港项目已在300千瓦微型燃气轮机上取得突破。西门子风电叶片基地全球制造能力最强，所制叶片最长达75米，即将挑战制造长94米、最高功率11兆瓦的叶片。

船舶动力基地。中船动力、中船三井、中船瓦锡兰、瓦锡兰齐耀、沃尔沃遍达等基地覆盖低中高速各类型船舶柴油发动机。临港产业区已是全国产能最大、技术最先进的船用柴油发动机生产基地，可以制造缸径最大的低速柴油机、功率最大的中速柴油机。

工程机械基地。三一临港基地是世界上挖掘机产能最大、工艺最先进、生产周期最短的制造工厂，平均每5分钟即可制造一台挖掘机，单厂年产能达40000台，独立研发完成大功率挖掘机和北美型高端装载机，产品出口近100个国家和地区。

海工钻井基地。外高桥临港海工基地是海工钻井领域全国产能最大、技术最先进的制造基地，具备制造半潜式、自升式钻井平台的能力。目前主要批量生产自升式钻井平台，主要用于出口。

此外，中国航发临港基地是全国唯一的自主知识产权大飞机发动机研制基地。新昇大硅片研制基地是我国首家可以量产大尺寸晶圆硅片的工厂，已与中芯半导体等厂商建立合作关系。

临港产业区先后获得国家级经济技术开发区、国家级新型工业化示范基地、中国（上海）自由贸易试验区组成部分、中德智能制造临港综合示范区、上海装备“走出去”和国际产能合作示范基地等荣誉。

2. 发展定位

2007年，时任上海市委书记习近平同志到临港调研，对临港产业发展高度评价：国家把我们作为装备制造业振兴的一个重要基地，我们在临港则看到了什么是国产的世界一流[①]。2012年3月26日，《人民日报》头版发表《让中国制造扬眉吐气——从临港产业区看上海先进制造业的崛起》报道，指出临港是上海未来发展重点，我们要看清形势、抓住机遇，加快速度发展，加大力度推进，使临港的开发建设成为提振发展信心的亮点。2016年6月15日，上海市有关领导同志调研临港地区，明确提出希望临港始终围绕和服务国家战略，瞄准国际水平，提升国际竞争力，成为上海科创中心建设的主体承载区[②]。

2019年8月20日，上海自贸区临港新片区正式揭牌成立。基于临

① 上海海洋大学团委.回顾浦东三十年 见证临港新发展[EB/OL].(2020-12-29)[2023-01-10]. https://www.shyouth.net/html/1/jicengdongtai170/gaozhonggaoxiao/2165.html.

② 浦东开发编辑部，刘思弘．“智造”临港[J].浦东开发，2017(7):2.

港长期发展积累的产业基础、产城融合发展优势以及投融资能力，上海市委、市政府对临港集团寄予厚望、委以重任，临港集团成为临港新片区开发建设的主力军，拉开了临港新片区新一轮改革开放和自身转型发展的大幕。临港装备产业区持续深耕高端制造领域，聚焦“国家急需、战略必需”重点领域，瞄准高端化、集群化、基地化产业发展方向，以特色园区建设为抓手，积极布局发展新赛道，推动战略性支柱产业积厚成势、规模倍增。

3. 经验做法

建设“东方芯港”和“动力之源”两大特色园区。临港产业区落地“东方芯港”和“动力之源”两大特色园区，持续打响新时代临港制造品牌。东方芯港重点围绕芯片设计、制造、封装测试、装备材料等关键环节，形成集成电路全产业链融合布局，建设国家级集成电路综合性产业基地和装备材料创新中心，已落地芯原微、江丰电子、江波龙、理想万里晖等一批重点项目，格科微和闻泰已结构封顶，积塔、新昇启动扩建扩产，盛美半导体登陆科创板，中芯国际拿地开工。目前，已建设翡翠、钻石、玛瑙园等一批体量达到40万立方米规模的特色标准厂房，未来总量将达到近200万立方米。三年来集聚集成电路企业超200家，吸引投资超2000亿元。动力之源依托临港产业区大国重器集聚优势和装备制造业基础，继续深耕以动力装置为核心技术的高端装备制造业，加速发展国产重型燃气轮机、微型燃气轮机、船用发动机、航空发动机等“装备制造业皇冠上的明珠”，支撑上海“全球动力之城”核心区建设。同时，依托临港智能新能源汽车集群优势和东方芯港车载芯片企业集聚优势，规划建设汽车电子产业园（提供核心电子元器件、智能化模组和系统）。

建设特色载体空间。以客户需求为导向，以高适配性满足特色产业发展要求。加强产品研发、功能配套迭代，以客户为原点，将生产工艺、生产流程和组织方式，融入园区规划、设计、建设全过程。装备产业区通过增量开发、转型升级等方式，形成“千亩用地、百万体量”的产业载体开发格局，打响了“宝石系”标准厂房的品牌，迈开了“科学系”集成电路专业厂房建设新步伐，开创了数据中心、12 英寸晶圆特色工艺产线定制代建新模式，“开园即入驻、竣工即交付”有力兑现“好项目不缺空间”的营商承诺。

配置特色创新资源。一是建设国家级创新基地和重大科研基础设施。推动产业链和创新链双向赋能，推动解决“卡脖子”关键核心技术。二是与上海交大合作建设上海交大人工智能研发与转化平台，努力打造科创中心建设的“四梁八柱”。该平台累计孵化包括民用航空发动机测试、汽车动力总成、燃料电池金属极板、核电装备测试验证、轻合金材料及制品智能热制造在内的首批“五朵金花”项目以及众多“小花”项目，项目获得知识产权 175 件，参与科技成果评奖获市级技术发明奖 5 项（特等奖 1 项、一等奖 4 项，“高功率密度燃料电池薄型金属双极板及批量化精密制造技术”项目 2020 年荣获上海市技术发明奖特等奖）。4 家企业已经获得高新技术企业认定，氢晨首条自动化生产线投产，开发了 230 千瓦大功率电堆，氢晨和治臻已经成为国际氢能谷的基石项目。

设立特色产业基金。积极发挥投资对要素集聚、产业拉动、园区赋能的作用，围绕园区重点产业，联合新片区管委会设立临港智能制造基金和临港先进产业基金，强化招投联动、投引联动，实现“基金 + 基地”发展。临港智能制造基金为新片区引进落地澜起科技、槃腾科技、格科微、翱捷科技、鲲游光电、海飞科等项目。

完善特色功能配套。针对产业园区的城市功能配套薄弱、社会事业发展不足、人才集聚度不高等问题，重点强化产城融合和产教融合，提升园区综合竞争优势。居住配套方面，配套建设“先租后售”公租房，产业区公租房已建成三期，基本售罄或满租，同时为满足特斯拉超级工厂剧增员工的居住保障需求，正在启动蓝领公寓建设项目。商业配套方面，泥城万达商业广场已于2021年底交付并正式开业。教育配套方面，临港产业区公租房一期配套幼儿园于2017年9月开园，配套小学和中学项目于2021年10月底开工。交通配套方面，中运量T1示范线2021年7月1日开通全线运营，构筑与出行需求相匹配的国内首条中运量示范走廊。产教融合方面，2012年以来临港集团牵头整合高校和企业实验室、车间场地、仪器设备和师资等资源，在临港建设了现代高端装备、汽车再制造、航空发动机检测、工业机器人等8个实训基地，累计对约3万人开展各类培训。成立产业大学，联合高校、走进企业，承接政府技术技能人才培养项目（做好国家职业资格等级目录与企业技能人才培养衔接，将职称评审功能引入新片区），着力建立“从在校大学生联合培养、在岗技术教育继续教育到社会求职人员岗前培训”的教育体系，打通教育链与产业链融合的“最后一公里”。

（二）武汉东湖新技术开发区

武汉东湖新技术开发区简称东湖高新区，又称中国光谷（简称光谷），于1988年创建成立，是中国首批国家级高新区、第二个国家自主创新示范区、中国（湖北）自由贸易试验区武汉片区，并获批成为国家光电子信息产业基地、国家生物产业基地、央企集中建设人才基地、国家首批双创示范基地等。光电子信息产业是湖北省和武汉市的重要支柱产业之一，也是“十四五”期间湖北省和武汉市重点发展的战略性新兴产业，东湖高新区光电子信息产业规模效应明显、创新能力突出、产业特色鲜明、产业链完备，成为区域经济增长的强大支柱，“武汉·中国光谷”已经成为代表我国参与全球光电子信息产业竞争的知名品牌。

1. 发展定位

东湖高新区综合实力稳居全国高新区第一梯队，为全面开启“世界光谷”建设征程打下了坚实基础。但与国际一流科技园区比，东湖高新区在自主创新方面仍显不足，重要支柱产业“卡脖子”“掉链子”风险日益凸显，企业发展内生动力仍然不强，对高端要素吸引力依然不够，公共设施配套仍落后于经济社会发展需要。综合来看，“十四五”时期，东湖高新区仍处于大有可为的重要战略机遇期，需坚持发展第一要务、人才第一资源、创新第一动力原则，勇于在国家技术创新和产业发展中肩负更高使命、承担更大责任，勇于代表中国参与全球科技和产业合作竞争，为推动高质量发展贡献光谷智慧、提供光谷样板。未来的发展定位主要考虑以下四个方面。

全球重大创新策源地。瞄准世界科技前沿和国家战略需求，以东湖科学城建设为抓手，加快建设“国之重器”平台载体，加快完善创新制度软环境，强化重大科技基础设施建设和高端创新要素积聚，攻克一批“卡脖子”核心关键技术，努力形成一批基础性、源头性、体系性、累积性和衍生性创新成果，打造全球创新网络关键节点。

国家高精尖产业汇聚地。坚持“强芯聚力、以数赋能”，聚焦“两强带动、两新融合、抢抓未来”的“221”产业体系：做大做强光电子信息、生命健康两大支柱产业；聚力推进数字经济与新消费两大新兴业态深度融合；前瞻布局一批未来产业。建立现代产业体系，持续推动创新链、产业链、人才链、资金链、价值链深度融合，全面推动产业基础高级化和产业链现代化，打造光电子信息、生命健康两大万亿元级产业集群，促进数字经济、新消费两大新兴业态深度融合，提升对国家高端产业发展的支撑带动能力。

中部全面开放先导区。以中国（湖北）自由贸易试验区（武汉片区）建设为引领，对标国际高标准投资贸易规则，突出政策共享、平台共用、设施联通、联动创新、协同发展，加快建立与国际接轨的开放型经济体制，打造市场化、法治化、国际化营商环境示范标杆，增强东湖高新区对中部地区全面开放的先行引导作用。

省、市创新发展“领舞者”。依托光谷科技创新大走廊核心承载区，以重大科技创新平台为抓手，以关键核心技术攻关和科技成果转化为重点，促进高端人才集中、创新要素集聚、高端产业汇聚，有力引领武汉全域尤其是大光谷板块一体化创新，推进武汉城市圈区域协同创新，在长江中游城市群创新共同体中发挥重要作用。

2. 发展成效

集聚效应显著增强。东湖高新区电子信息（光电子）产业示范基地现已成为国内最大的信息光电子产业集群，是全国最大的光纤光缆制造基地、全国最大的中小尺寸显示面板基地、全国最大的高端激光设备生产基地、全国最大的光电器件研发生产基地，全球最大的光模块研发生产基地。该基地被认定为国家存储器研发和制造基地，形成了芯片设计、封装材料制造及应用等产业链。日均新注册企业数超 100 家，企业数量突破 10 万家，市场主体超过 14 万家，有高新技术企业 3100 家、瞪羚企业 500 多家，集聚了 80 余家知名企业第二总部。

高质量发展迈上更高台阶。2021 年东湖高新区 GDP 达到 2400 亿元，同比增长 19.9%，光谷疫后重振和高质量发展圆满收官，人均地区生产总值达到发达国家水平。湖北东湖科学城建设全面启动。5 个湖北实验室挂牌运营，3 个重大科技基础设施项目纳入国家“十四五”规划，2 个国家技术创新中心建设稳步推进。高新技术企业新增 1100 家，总数达到 4200 家，百亿元级规上工业企业达到 6 家。高新大道全线通车，光谷生态大走廊基本建成，“黄金十字轴”城市主框架逐步形成，一批医疗、教育、文化重大项目开工建设，民生事业蓬勃发展。

科技创新水平持续提升。东湖高新区的研发投入占地区生产总值约为 10%，处于全国领先水平，高新技术产业增加值占地区生产总值比重超过 50%。2020 年，东湖高新区的专利授权量达到 2.5 万件，同比增长 36.4%。《2021 年光谷瞪羚企业发展报告》显示，502 家瞪羚企业 2020 年研发总投入达到 32.7 亿元；近三成光谷瞪羚企业研发投入强度高于 20%，其中 56 家企业研发投入强度超过 50% 。

世界级冠军企业不断进步。长飞光纤自 2016 年起预制棒、光纤及光缆三大主营业务全面问鼎全球。海思光电子、光迅科技、华工正源等企业入选 2021 年全球光模块供应商 TOP10。东湖高新区低温多晶硅（LTPS）平板面板出货量居全球第一，LTPS 笔记本面板出货量居全球第二，小尺寸 LTPS 手机面板、柔性有机发光二极管（OLED）手机面板出货量居全球前四名。锐科激光连续 5 年市场占有率居全球第二，与市场占有率第一的海外激光巨头 IPG 差距已不足 1%。

3. 经验做法

突破“卡脖子”技术，提升创新能力。一批“卡脖子”关键核心技术得到突破，支撑企业高水平科技自立自强。东湖高新区2021年诞生1.6Tb/s（太字节每秒）硅基光收发芯片、国内首款百万像素级双色双波段红外探测器、120瓦皮秒和40瓦飞秒激光器、首台G4.5新型显示喷印技术装备等一批重大成果，有力推动了产业技术水平迈向更高台阶。国家信息光电子创新中心与产业链上关键企业合作，聚集国内优质研发资源，建立了9家联合实验室，围绕光通信、数据中心、5G和量子信息领域核心光芯片和光器件的“卡脖子”问题，先后突破“超高速硅光/III-V族光芯片”系列前沿技术，100G硅光相干收发芯片实现国内首次量产，器件和模块产品在光传输设备中实现国产化替代，推动国内核心光电子芯片和器件厂家的市场占有率超过30%。敏芯半导体是光通信领域国内首家独立的全系列光芯片供应商，已实现2.5G、10G、25G全系列光芯片的批量出货。帝尔激光的发射极及背面钝化电池技术（PERC）激光消融设备和选择性发射极（SE）激光掺杂设备占领了全球PERC高效太阳能激光设备80%以上的市场份额。

平台支撑，构建完善的光电子信息产业研发体系。产业基地以打造国际领先的光电子信息产业研发中心为目标，不断强化光电子信息研发机构集聚，并取得积极进展。国家信息光电子制造业创新中心、国家数字化设计制造业创新中心、国家先进存储产业创新中心等一批国家级创新中心落户东湖高新区。同时东湖高新区正在加快建设光谷实验室、九峰山实验室等光电前沿领域实验室，依托华中科技大学开展从“0”到“1”的原创性基础科学研究，突破关键核心技术瓶颈。

全球开放合作，提升国际影响力。一是建立企业海外研发中心。

通过政策牵引，示范基地内企业积极开展国际化经营，设立海外研究机构。烽火通信在厄瓜多尔、俄罗斯等地建设光缆生产基地，在全球50多个国家和地区构建了完备的销售与服务体系，形成11个全球交付中心，产品与服务覆盖90多个国家与地区。同时，烽火通信还加强海外研发，与马来西亚电信公司开展合作共建吉隆坡联合实验室，与印度尼西亚电信公司共建联合创新中心（JIC）。帝尔激光在以色列设立了全球研发中心。二是开展国际交流与合作。光迅科技在美国、丹麦、法国通过股权收购方式设立3个研发中心。三是争创国际知名品牌。企业在“走出去”的同时，也积极建立专业领域较齐全、覆盖面较广、竞争优势较为突出的光电子信息知识产权体系，抢占全球光电子信息技术和产业发展的制高点，打造了烽火、长飞、光迅等十余个具有国际竞争力的知名品牌，助力东湖高新区打造光电子信息制造业基地。

第七章

国家新型工业化产业示范基地的发展对策

党的二十大报告深刻指出：中国式现代化的本质要求是坚持中国共产党领导，坚持中国特色社会主义，实现高质量发展，发展全过程人民民主，丰富人民精神世界，实现全体人民共同富裕，促进人与自然和谐共生，推动构建人类命运共同体，创造人类文明新形态。这是落实好中国式工业现代化的重要遵循。自2009年开始评选、2012年实施分级分类指导和动态管理以来，国家新型工业化产业示范基地经过十余年的发展，已然成为我国制造业的中坚力量，肩负着国家工业化道路的引领者与探索者的使命，对推动我国经济与社会高质量发展起到了重要的支撑作用。因此，在新的历史方位下，对国家新型工业化产业示范基地的建设要加强党的统一领导，以人民为中心，以增进人民福祉为宗旨，做好宏观统筹与精准科学发展引导，推动向网络化、数字化、智能化、绿色化方向转变，实现质量变革、效率变革、动力变革，不断提升我国工业竞争力和全要素生产率，为世界经济发展贡献更大的力量。为此，须做到以下几点：集中力量加强统一布局，助力构建双循环发展格局；增强自主创新能力，服务国家战略全局；坚持数字化与智能化转型，打造全新比较优势；推动中小企业高质量发展，夯实实体经济发展根基；供需两端协同发力，促进产业结构绿色转型升级；完善公共服务和评估导向，提升新型工业化基地发展能级。

一、集中力量加强统一布局，助力构建“双循环”新发展格局

（一）加强区域间协同布局

中部、东部、西部之间的国家新型工业化产业示范基地建设存在较大的差异，一般而言东部地区发展相对快一些，西部发展基础薄弱，且东部、西部的差距不断加大，这必将导致国家工业化发展空间受到挤压。各地优势边际效应递减、固有问题越发突出等态势，既不利于构建全国“一盘棋”发展格局，也不利于工业领域锻长板、补短板。同时，不平衡增长理论也支持了再均衡发展激发经济增长动能的预期，符合实现全体人民共同富裕的内在要求。因此，要全面科学摸查国家新型工业化产业示范基地整体发展情况及产业关联关系，综合分析优势领域与问题短板，有导向性地增强东部、中部、西部实现高水平对接互动。通过营商环境优化工作共建，推动园区管理模式、运行机制、绩效激励机制以及政府服务标准化探索，通过赋予中部、西部地区各级经济开发区更大改革自主权，推动促进关联区域与相关产业基地对标与结对，增强中部、西部地区的内生产业发展动力，以优良的产业发展环境和强大的产业配套能力，吸引和聚集各类生产要素，促进东部、中部、西部地区良性互动，逐步形成基于互补性区域优势的产业布局体系[①]。此外，要依托西部地区沿边区位和资源优势，改善西部地区的加工贸易配套条件，促进关联产业与技术要素在从东部地区向西部地区转移过程中实现转型升级。

---

① 中国社会科学院工业经济研究所课题组，史丹. 新工业化与"十四五"时期中国制造业发展方向选择 [J]. 中国经济学人：英文版，2020, 15(4):26.

（二）推动国内外“双向互济”

坚持“引进来”和“走出去”并重，推进重点产业领域国际化布局。对标国外一流营商环境，引导企业精准化“走出去”，鼓励国家新型工业化产业示范基地与国外园区加强互动，健全产业安全审查机制和政策法规体系，深化技术和产能国际合作，建设一批境外合作园区。发挥不同区域在对外开放中的定位作用，以特色产业与文化联动为纽带，以数字经济发展与“智能+制造”为契机，以工业生产贸易推动与周边国家的合作，积极引导外资投向高端制造领域，带动制造业网络的形成、产业链的对接，重点形成与南亚和东南亚地区的信息网络和制造业供应链体系、与中亚地区的产能互补以及与东亚地区的研发合作，巩固与拓展“一带一路”建设，推动构建人类命运共同体。

（三）增强各层级规划设计及政策制定的协调统一

各地重视程度不同、基础禀赋存在差异，相关配套政策未能有效制定，已有部分政策无法及时兑现，引致新型工业化产业示范基地主体发展积极性不高，既定目标不能实现。工业和信息化部出台的《关于深入推进新型工业化产业示范基地建设的指导意见》明确提出，要充分发挥示范基地的支撑引领带动作用，加快推动我国从制造大国向制造强国的历史性跨越，以协同创新、集群集约、智能融合、绿色安全为导向，构建从培育、创建、提升到打造卓越的示范基地体系，鼓励各省（自治区、直辖市）发挥地方积极性，统筹规划、集中资源。因此，要加强相关部委与地方政府的协调力度，推动配套政策的及时制定与科学实施，尽快形成政策和资金支持合力，深化多方合作，真正使政策用到实处，实实在在地解决企业主体实际问题，满足其合理发展诉求，提升新型工业化产业示范基地建设的能动性。

二、增强自主创新能力，服务国家战略全局

党的二十大报告中强调，完善科技创新体系，坚持创新在我国现代化建设全局中的核心地位，健全新型举国体制，强化国家战略科技力量，提升国家创新体系整体效能，形成具有全球竞争力的开放创新生态。我国走新型工业化道路需要不断提高产业核心竞争力，而自主创新能力是产业核心竞争力提升的重要保障。因此，要真正做到把自主创新能力作为提升工业发展质量和水平的主要推动力，助力新型工业化产业示范基地走一条创新驱动的新型工业化之路。

（一）正视创新内涵，合理调动创新力量

早期关于创新的定义是把一种新的生产要素和生产条件的“新结合”引入生产体系，它包括五种情况：引入一种新产品，引入一种新生产方法，开辟一个新市场，获得原材料或半成品的一种新的供应来源，新的组织形式。在基础科技创新、市场与模式创新、技术创新领域要激发相关主体的积极性，充分发挥有效市场和有为政府的作用。

（二）突破制约产业发展的关键核心技术

关键核心技术难以突破是长期以来制约我国传统产业发展水平提升的重要因素，现已对新兴产业的发展造成了阻碍。突破这类关键核心技术需要具备诸多条件，比如要有较强科研实力的研发队伍、高水平的实验和测试设备及充足的资金和物力保障，能充分把握前沿技术发展动向、产业发展趋势及市场需求等，依靠某个科研单位或企业难以实现突破，需要举全国之力才更可能实现技术突破。重点做到结合国家科技重大专项等科研计划，集中组织人力、物力和财力实施重点产业技术创新工程，逐步解决核心装备、关键材料、基础零部件等关键环节缺失问题。按照面向产业、需求主导、盘活存量、政府引导、开放发展的原则，集中力量突破一批制约产业发展的共性技术，推动一批产业技术创新服务平台建设。支持和促进重大技术成果转化，加快推进产业化和规模化应用。

（三）加强企业创新能力建设

我国实施自主创新能力提升战略，首先要将企业视为自主创新的主体，通过有效措施，增强我国企业的创新能力，从而提高产业的核心竞争力。要做到：鼓励企业加大研发投入、增强研发队伍实力、补充研发所需的基础设备，使企业真正成为研究开发投入和技术创新活动的主体；加强企业技术中心和行业共性技术创新平台建设，面向企业开放和共享国家重点实验室、重大科学装置、重要试验设备等科技资源，为企业创新创造良好的外部环境；引导企业开放利用国际创新要素，支持骨干企业充分利用全球科技资源，鼓励企业建立海外研发基地，收购兼并海外科技企业和研发机构，实现企业创新全球化。

（四）发展产业创新联盟

产业融合是未来产业发展的趋势，特别是新兴产业的发展大多建立在产业融合的基础上。因此，要以新型工业化道路对新兴产业和传统产业转型升级的创新需求为导向，以重大技术工程化、产业化为目标，以企业为主体，运用市场机制集聚创新资源，推动形成一批产学研紧密结合的产业创新联盟，共同突破产业发展的技术瓶颈和市场瓶颈。研究制定支持和规范产业创新联盟发展的政策措施，探索总结联盟运行的体制机制和模式，引导形成产学研紧密结合的长效机制。支持大企业采取产学研结合或企业技术联盟等多种方式开展产业共性关键技术研发，建立和完善公共技术支持服务平台，为中小微企业提供技术服务，逐步提高中小微企业的技术创新能力、配套能力和专业化生产的技术水平。

三、坚持数字化与智能化转型，打造全新比较优势

近年来，我国在新基建领域出台了诸多产业政策，已经全面覆盖了通信网络基础设施、新技术基础设施、算力基础设施的各个细分领域。加速积累的技术能力与海量的数据资源、巨大的应用需求、开放的市场环境有机结合，形成了我国人工智能发展的独特优势，为制造业的数字化转型和智能化改造提供了有力支撑。

（一）完善制造业数据利用的基础设施

加快推动以信息传输为核心的数字化、网络化信息基础设施，向集融合感知、传输、存储、计算、处理于一体的智能化信息基础设施转变。依托云平台、创新平台或安全平台，制定制造业数字化、智能化行业标准，推动智能制造国家标准上升成为国际标准，提高我国在国际标准制定方面的话语权。统筹利用大数据基础设施，强化数据安全与隐私保护，为人工智能研发和在制造业的广泛应用提供海量数据支撑。建立有效机制，准确评估人工智能发展带来的伦理道德问题、法律问题及社会影响。

（二）推进制造业数据应用创新

全面实施制造业数字化技术改造，推动制造业产业链从材料、零部件、整机、成套装备到生产线的智能改造。推进智能化、数字化技术在重点行业的研发设计、生产制造、物流仓储、经营管理、售后服务等关键环节的深度应用。大力发展智能制造系统解决方案供应商，支持产业创新联盟、生产装备制造企业向系统解决方案供应商转变，培育一大批国际知名的系统集成企业。鼓励互联网企业利用“云服务”为制造业企业提供个性化解决方案。

（三）打造“智能 + 制造”生态系统

实施智能制造是一项复杂的系统工程，推动智能制造高质量发展，完善智能制造生态合作常态化协调机制，加快建成资源共享、协同推进的智能制造生态体系。根据智能技术发展趋势，调整电子信息制造业发展重点，加快培育具有未来竞争力的新兴产业部门。鼓励不同领域、产业链上下游企业、智能制造技术供应商、智能装备制造商、应用服务商等企业加强交流沟通，提升跨领域、跨专业的融合发展能力。以重大工程、重点项目为牵引，鼓励和支持中小企业进行数字化改造，加强企业内部和产业链上下游企业之间生产设备与信息系统的互联互通[①]。利用智能技术再造制造业生产组织方式，实现制造与研发、营销的同步，提高生产的柔性化程度，促进制造业的数字化发展和服务化发展。

四、推动中小企业高质量发展，夯实实体经济发展根基

（一）强化普惠导向，提升政策的可持续性

将包容性发展作为支持中小微企业发展的基本原则，以营造良好营商环境为根本，实施惠企政策助推共同富裕。开展全国范围内的政策清理行动，以“增一减二”方式减少政策的复杂性，降低中小企业案牍成本。强化中央对地方的督查和各地自查，对侵害企业家和企业权益的各类行为予以坚决打击并强化宣传，提升企业家信心。进一步引导金融机构加大对中小微企业提供长期普惠性金融产品，鼓励中小微企业按照上市准则规范治理和科学管理，为利用资本市场直接融资创造条件。

---

① 周勇，张小路，刘志迎．安徽智能制造高质量发展创新路径研究[J]. 现代管理科学，2022(4):6.

（二）聚焦重点行业，支持专精特新中小企业发展

进一步聚焦重点行业和重点区域，精准支持专精特新中小企业发展。聚焦新一代信息技术、生物技术、新能源、新材料、高端装备、新能源汽车、绿色环保以及航空航天、海洋装备等战略性新兴产业发展，从破解“卡脖子”难题和获取未来竞争优势视角出发，重点支持相关产业专精特新中小企业发展。强化对重点产业集聚区的重点支持，着眼于上述相关重点产业，围绕产业链部署创新链，强化对城市群、集聚区内专精特新中小企业的精准化、高强度支持，发挥专精特新中小企业的创新扩散效应和企业集聚效应。着眼于产业安全和未来竞争的目标，强化对链主企业牵引产业链上下游专精特新中小企业的支持。

（三）创新政策手段，支持大中小企业融通发展

强化对融通载体的名誉奖励及相关政策支持。设立重点产业“大中小企业融通示范工程”“行业融通示范单位”“融通发展示范园区奖”“国家级中心工厂”“省级中心工厂”“连锁型创新平台”等相关奖励称号，并辅之以相关的政策激励。立足重点精准发力，关注增量市场的融通发展，例如工业互联网平台建设、创新中心建设，提升大中小企业数字化融通能力和创新融通能力。鼓励大企业带动中小企业发展，尤其是在一些细分配套环节支持国产替代和中小企业创新，重点是为中小企业提供试用和改进的机会，形成全产业链的备份能力。政策上引导大企业让利，并鼓励其利用自身技术、标准等支持中小企业加大环保、生态投入，引导大中小企业形成共生发展生态，可考虑由财政部和国务院国资委统筹，在中央企业留存利润中提取一定比例设立融通专项基金。

（四）完善服务体系，重点关注人员能力提升

完善企业公共服务，打造中小企业服务体系全国一体化在线平台，以网络化公共服务平台形成与国家大平台—地方特色平台互联互通的中小微企业服务平台，为企业和各类服务机构提供信息连接支持，同时在平台之上提供基本的范式支持，例如章程、合同、办理事项清单等支持。扩大企业家专项服务，升级银河培训工程，将双创投入与此方面的新增投入整合，为企业主和潜在创业者提供基础的商业、法律、管理等方面的培训，提升中小微企业主的基本商业能力。强化对产业工人和待就业群体的能力提升支持，提升其生存和发展能力，具体可选择线上服务模式，降低知识获取的平均成本。

五、供需两端协同发力，促进产业结构绿色转型升级

（一）完善工业绿色发展政策体系

由于产权界定较困难，自然资源和环境领域最容易出现市场失灵现象。因此，要持续完善工业绿色发展政策体系，完善技术标准和市场准入的环境标准。充分利用财政资金，引导企业绿色投入，发展绿色金融，促进企业的绿色研发和生产发展。逐步完善自然资源产权制度，建立以环境税费为主的“绿色税收”体系和环境使用权的交易制度，从而形成有利于资源节约和环境保护的市场运行机制[①]。

---

① 史丹．绿色发展与全球工业化的新阶段：中国的进展与比较 [J]. 中国工业经济，2018(10):14.

（二）大力推进循环产业发展

着重推进原生资源高效化协同利用，加强生产与生活系统绿色循环连接，促进再生资源高值化循环利用。这迫切需要发挥科技创新支撑和绿色金融的引导及典型示范带动作用。选择重点领域示范推动形成产业循环耦合，建立循环塑料联盟、循环电池联盟等，促进企业间、行业间资源共享、废弃物再资源化。鼓励建立国内国际双轨、线上线下并行的再生资源产业链，着力培育一批新型再生资源回收利用龙头企业，推动资源循环化、产业高端化发展。加强再制造产品认证与推广应用，大力发展高端智能再制造。

（三）以数字化赋能绿色化

发挥数字化技术在智能化洞察、个性化定制、柔性生产、产品溯源等方面的优势，促进制造业全产业链、产品全生命周期的精细化能耗监测和低碳管理。完善数据标准体系建设，分行业探索建立产品全生命周期绿色低碳基础数据平台，推动数据汇聚、共享和应用。面向重点行业领域探索典型应用场景，逐步开发和推广平台化、组件化的工业互联网行业系统解决绿色制造问题的方案。

（四）引导企业主体绿色化转型

强化企业绿色化的主体地位，引导激励制造业企业将绿色发展的理念贯穿产品的全生命周期，进而提升制造业企业绿色化的实施能力。引导激励制造业企业同国际标准接轨，进行生产经济管理机制的创新，支持更多企业参与国家绿色产品和绿色示范工厂开发及创建工作。引导激励制造业企业建立绿色技术研发机构，加大绿色创新投入，提升绿色技术研发能力，进一步强化制造业绿色技术协同创新机制。引导各新型工业化基地制定本行业的绿色发展战略规划并加以落实，扶持碳排放效率高的行业发展，推动低碳工业发展，逐渐形成有利于制造业绿色发展的长效机制。

六、完善公共服务和评估导向，提升新型工业化基地发展能级

（一）加强示范基地公共服务体系建设

完善示范基地的载体功能，围绕产业发展需要，示范基地要创新运营服务模式，进一步完善基础设施和服务体系，向示范基地内企业提供营销推广、技术运维、仓储物流、安全认证、交易追溯、数据存证、法律财税咨询、专利申请代理等服务。整合政府和社会资源，完善线上线下协同的示范基地公共服务平台，打造便捷高效的公共服务体系。鼓励依托示范基地率先制定和实施相关行业标准和服务规范，逐步推广、完善示范基地内企业信息采集制度，建立健全统计监测体系，依托大数据技术加强示范基地管理。开展信用评价服务，探索建立企业信用信息共享机制，促进示范基地产业规范发展。完善政产学研多方合作机制，鼓励示范基地设立相关产业的研究机构、专家工作站、示范基地联盟等，开展相关产业重点课题研究及核心关键技术研发。推动全国或者区域性

的示范基地间的交流合作，形成优势互补、协同发展的健康生态体系。

（二）完善示范基地评价导向

就当前新型工业化基地考核体系而言，部分指标已不符合新型工业化发展要求，需要根据上述分析加以科学论证并不断精准完善和调整。同时，要兼顾中国式现代化要求，更加体现“以人为中心”，兼顾经济与社会价值二者的辩证与统一，为实现深度、完整、高级、融合、绿色以及开放的新型工业化发展奠定基础。此外，要实现对新型工业化基地的动态评价，做到“有进有出”。在一些区域，早期评定的新型工业化基地已几经波折、沧海桑田，其产业属性和业态均发生较大变化，新旧动能转化明显。因此，要加强运行监测，完善示范基地经济运行监测体系和信息管理制度，密切跟踪示范基地发展情况，建立常态化数据收集、挖掘和共享机制。可根据发展组织开展示范基地发展质量评价工作，打好分级分类指导的工作基础，加强动态管理，完善退出机制，对于在现阶段不具备发展条件的基地，给予警告或腾退的处理，保持示范基地发展先进性，促进优势特色产业集群发展，培育有全球影响力和竞争力的先进制造基地。

（三）推动示范基地向高端产业层级转型

瞄准全球工业体系中的高端产业，大力发展具有较高附加值和技术含量的高端装备制造产业和战略性新兴产业。推动示范基地加强质量品牌建设，打造区域品牌，提高区域品牌国际影响力。要充分发挥示范基地内的龙头企业作用，因地制宜，充分利用当地资源和产业链，聚焦产业共性短板进行重点突破，提升示范基地整体发展水平。支持示范基地完善企业市场化退出机制，着力化解过剩产能，加快处置不符合标准且长期亏损的企业，推动产业集群优化结构，不断扩大示范基地发展规模并提升示范基地发展质量，使示范基地发展迈向中高端。促进示范基地产业集群与周边地区建立更广泛密切的合作关系，依托城市服务功能进一步吸引产业、技术、人才等资源集聚，以示范基地为核心枢纽，建立产业链条完整、产业组织结构合理、各环节协同发展的产业生态体系。

参考文献

[1] 白玫 . 韩国产业链供应链政策变化及其影响研究 [J]. 价格理论与实践，2022（01）：54-60+106.

[2] 陈佳贵，黄群慧 . 工业发展、国情变化与经济现代化战略——中国成为工业大国的国情分析 [J]. 中国社会科学，2005（04）：4-16+205.

[3] 陈友骏，赵磊 . 疫情背景下日本供应链的重塑及前景分析 [J]. 日本学刊，2021（05）：109-140+162-163+165-166.

[4] 段宏利 . 新发展理念视阈下内蒙古新型城镇化研究 [D]. 内蒙古大学 .

[5] 范英，衣博文 . 能源转型的规律、驱动机制与中国路径 [J]. 管理世界，2021，37（08）：95-105.

[6] 付保宗 . 增强产业链供应链自主可控能力亟待破解的堵点和断点 [J]. 经济纵横 .

[7] 郭丽君 . 新型工业化道路如何走？ [N]. 光明日报，2017-06-04（10）.

[8] 贺俊 ."十四五" 全球供应链调整与中国应对战略 [J]. 中国经济评论，2021（1）：57-59.

[9] 黄群慧，贺俊，倪红福 . 新征程两个阶段的中国新型工业化目标及战略研究 [J]. 南京社会科学，2021（01）：1-14.

[10] 黄群慧，江鸿，贺俊 . 韩国推进智能制造的最新部署及其启示 [J]. 中国经贸导刊，2018（18）：54-56.

[11] 黄娅娜，邓洲 . 生产要素对制造业的影响分析及政策建议 [J]. 中国井冈山干部学院

学报，2022，15（1）：112-122.

[12] 霍小光 . 振兴东北等老工业基地 习近平这样说 [EB/OL].（2015-07-19）[2023-01-10]. http：//politics.people.com.cn/n/2015/0719/c1001-27327088.html.

[13] 黄阳华 . 德国“工业 4.0”计划及其对我国产业创新的启示 [J]. 经济社会体制比较，2015（02）：1-10.

[14] 贾根良 . 第三次工业革命与新型工业化道路的新思维——来自演化经济学和经济史的视角 [J]. 中国人民大学学报，2013，27（02）：43-52.

[15] 江鸿，贺俊 . 美国结构性产业政策的变革走向与中国应对 [J]. 中州学刊，2020（10）：32-39.

[16] 李俊杰 . 务实推进双创加快建设中关村科学城 [J]. 投资北京，2019（7）：22-25.

[17] 刘菊花 . 谋划新型工业化路径——苗圩谈中央“六个着力推进”[EB/OL].（2012-06-01）[2023-01-10]. http：//www.gov.cn/jrzg/2012-06/01/content_2150269.htm.

[18] 曲格平 . 探索可持续的新型工业化道路 [J]. 环境保护，2003（01）：3-5.

[19] 渠慎宁，史丹，杨丹辉 . 中国数字经济碳排放：总量测算与趋势展望 [J]. 中国人口・资源与环境，2022，32（9）：11-21.

[20] 任保平 . 新型工业化：中国经济发展战略的创新 [J]. 经济学家，2003（03）：4-11.

[21] 邵慰，吴婷莉 . 智能化，要素市场与工业经济高质量发展 [J]. 经济问题探索，2022（2）：16.

[22] 盛朝迅 . 新发展格局下推进新型工业化的时代特征、目标要求与发展路径 [J]. 中国发展观察，2022（6）：6.

[23] 石建勋 . 加快推动数字产业化和产业数字化 [N]. 人民日报，2021-10-15（09）.

[24] 史丹 . 新发展阶段走好新型工业化之路 [J]. 智慧中国，2021（04）：27-29.

[25] 吴滨，杨洁 . 增强工业绿色转型动力 [J]. 经营管理者，2022（11）：23.

[26] 习近平 . 高举中国特色社会主义伟大旗帜 为全面建设社会主义现代化国家而团结奋斗 [M]. 北京：人民出版社，2022.

[27] 颜英，何爱国 . 新中国七十年的工业化道路 [J]. 福建论坛（人文社会科学版），2019（07）：19-30.

[28] 杨婷 . 高新区数字经济“成绩单”出炉 [N]. 贵阳日报，2022-02-21（A06）.

[29] 叶伟 . 贵阳高新区：大数据引领高质量发展 [N]. 中国高新技术产业导报，2022-07-04（A6）.

[30] 张培丽，管建洲 . 2020 年“三农”问题研究新进展及未来研究方向 [J]. 经济研究参考，2021（15）：5-24.

[31] 张海芳，李宝乐 . 稀土高新区全力打造绿色发展新样本 [N]. 包头日报，2022-07-15（07）.

[32] 中国社会科学院工业经济研究所课题组，李平 .“十二五”时期工业结构调整和优化升级研究 [J]. 中国工业经济，2010（01）：5-23.

[33] 中国社会科学院工业经济研究所课题组，史丹 . 新工业化与“十四五”时期中国制造业发展方向选择 [J]. 中国经济学人：英文版，2020，15（4）：26.

[34] 钟钰 . 推进工业化与农业现代化协调发展 [EB/OL].（2014-04-09）[2013-01-10]. http：//www.agri.cn/V20/SC/jjps/201404/t20140409_3844849.htm..

[35] 周勇，张小路，刘志迎 . 安徽智能制造高质量发展创新路径研究 [J]. 现代管理科学，2022（4）：6.

附录　国家新型工业化产业示范基地名录（分地区）

地区	示范基地名称	批次
北京市（9家）	软件和信息服务·北京中关村科技园区海淀园	第三批
	电子信息（平板显示）·北京经济技术开发区数字电视产业园	第四批
	生物医药·北京大兴区	第六批
	食品·北京雁栖经济开发区	第五批
	装备制造（轨道交通装备）·北京中关村科技园区丰台园	第二批
	高技术转化应用·北京经济技术开发区	第三批
	工业互联网·北京顺义区、海淀区、朝阳区、石景山区	第九批
	石化化工（炼化、合成材料、电子化学品）·北京房山区	第一批
	汽车产业·北京顺义区	第一批
天津市（12家）	电子信息·天津经济技术开发区	第二批
	新能源（储能电池）·天津滨海高新区华苑产业区	第八批
	产业转移合作·中新天津生态城	第八批
	装备制造·天津北辰经济技术开发区	第五批
	石化化工（炼化、合成材料）·天津滨海新区	第二批
	航空产业·天津空港工业园区	第二批
	汽车产业·天津经济技术开发区	第一批
	软件和信息服务·天津滨海高新区软件园	第五批
	电子信息·天津西青经济技术开发区	第七批
	资源综合利用·天津子牙循环经济产业区	第三批
	装备制造·天津临港经济区	第四批
	生物医药·天津经济技术开发区	第十批
河北省（24家）	生物医药·石家庄经济技术开发区	第九批
	装备制造（整车及零部件）·河北保定经济开发区	第八批
	石化化工（合成材料）·河北沧州临港经济技术开发区	第四批

续表

地区	示范基地名称	批次
河北省（24家）	数据中心·河北怀来	第九批
	大型数据中心（大数据类）·河北张北云计算产业基地	第八批
	装备制造（能源装备）·河北保定高新技术产业开发区	第一批
	食品·河北衡水经济开发区	第七批
	医药产业·石家庄高新技术产业开发区	第一批
	高技术转化应用·河北邯郸经济技术开发区	第三批
	装备制造·河北秦皇岛经济技术开发区	第九批
	装备制造（轨道交通装备）·河北唐山丰润区	第五批
	电子信息（太阳能光伏）·河北邢台经济开发区	第二批
	钢铁（钢铁及深加工）·河北迁安	第八批
	高技术转化应用·河北固安新兴产业示范区	第七批
	纺织（羊绒制品）·河北清河经济开发区	第六批
	电子信息·河北廊坊经济技术开发区	第四批
	钢铁（深加工）·河北盐山经济开发区	第二批
	无机非金属材料（玻璃制造及深加工）·河北沙河经济开发区	第三批
	大数据·河北承德县高新技术产业开发区	第八批
	装备制造（特种管材）·河北邯郸冀南新区	第五批
	装备制造（矿山装备）·河北张家口西山经济开发区	第六批
	电子信息·河北鹿泉经济开发区	第十批
	汽车产业（零部件）·河北徐水经济开发区	第十批
	装备制造（冰雪装备）·河北张家口冰雪运动装备产业园	第十批
山西省（8家）	钢铁（不锈钢）·山西太原市	第一批
	装备制造（能源装备）·太原经济技术开发区	第一批
	有色金属（铝）·山西运城	第七批
	装备制造（矿山装备）·山西长治高新技术开发区	第四批
	高技术转化应用·山西长治经济技术开发区	第九批
	石化化工（煤焦化深加工）·山西洪洞赵城现代煤化工园	第二批
	电子信息（新型电子元器件)·山西转型综合改革示范区	第十批
	数据中心·山西大同灵丘经济技术发展园区	第十批

续表

地区	示范基地名称	批次
内蒙古自治区（9家）	食品（乳制品）·内蒙古呼和浩特	第三批
	钢铁（钢铁及深加工）·内蒙古包头昆都仑区	第四批
	有色金属（稀土新材料）·内蒙古包头稀土高新技术产业开发区	第一批
	高技术转化应用·内蒙古包头青山区	第二批
	有色金属（铝）·内蒙古霍林郭勒工业园区	第六批
	农产品深加工·内蒙古通辽科尔沁区	第二批
	循环经济（化工）·内蒙古乌海经济开发区乌达工业园区	第七批
	大数据·内蒙古和林格尔新区	第八批
	现代煤化工·内蒙古鄂尔多斯大路煤化工基地	第十批
辽宁省（13家）	电子信息·沈阳高新技术产业开发区	第三批
	装备制造·沈阳经济技术开发区	第一批
	石化化工（芳烃）·辽宁辽阳高新技术产业开发区	第一批
	装备制造（石油装备）·辽宁盘锦经济开发区	第四批
	汽车产业·沈阳欧盟经济开发区	第五批
	无机非金属材料（镁质耐火材料）·辽宁营口大石桥	第六批
	高技术转化应用·辽宁铁岭经济开发区	第四批
	钢铁（钢材精深加工）·辽宁鞍山经济开发区	第三批
	石化化工（炼化、合成材料）·辽宁盘锦辽滨沿海经济区	第三批
	新材料（菱镁新材料）·辽宁海城菱镁新材料产业基地	第七批
	装备制造·辽宁抚顺经济开发区	第五批
	装备制造（测控仪器）·辽宁丹东	第八批
	工业互联网·辽宁沈阳中德装备园、和平区、沈北新区	第十批
吉林省（8家）	汽车产业·长春汽车经济技术开发区	第一批
	纺织（袜业）·吉林辽源经济开发区	第八批
	石化化工（炼化）·吉林化工园区	第二批
	医药产业·吉林通化市	第一批
	新材料（碳纤维及差别化纤维）·吉林经济技术开发区	第九批
	清真食品·长春绿园区	第四批
	装备制造（轨道交通装备）·吉林长春绿园经济开发区	第三批
	食品·吉林梨树	第四批

续表

地区	示范基地名称	批次
黑龙江省（11家）	高技术转化应用（装备制造）·哈尔滨经济技术开发区	第三批
	生物医药·哈尔滨利民经济技术开发区	第四批
	装备制造·黑龙江齐齐哈尔	第一批
	石化化工（炼化、合成材料、精细化工）·黑龙江大庆高新技术产业开发区	第九批
	石化化工（精细化工）·黑龙江安达	第七批
	装备制造·哈尔滨经济技术开发区	第二批
	食品·黑龙江肇东经济开发区	第四批
	轻工（林木制品）·黑龙江海林	第七批
	轻工（林木产品制造）·黑龙江穆棱经济开发区	第三批
	新材料（石墨新材料）·黑龙江鸡西经济开发区	第九批
	食品产业·黑龙江哈尔滨	第一批
上海市（20家）	新材料（钢铁）·上海宝山区	第七批
	生物医药·上海张江高科技园区	第二批
	石化化工（有机化工）·上海化学工业区	第一批
	电子信息·上海漕河泾新兴技术开发区	第二批
	高技术转化应用（民用航天）·上海闵行区	第三批
	装备制造·上海嘉定工业区	第六批
	汽车产业·上海嘉定汽车产业园区	第二批
	装备制造·上海临港装备产业区	第一批
	电子信息·上海金桥经济技术开发区	第三批
	装备制造·上海莘庄工业区	第四批
	大数据·上海静安区	第八批
	软件和信息服务·上海市北高新技术服务业园区	第七批
	电子信息（移动智能终端）·上海浦东康桥工业区	第五批
	新材料（先进高分子材料、新一代信息材料）·上海青浦工业区	第六批
	航空产业·上海	第一批
	新材料（先进基础材料、关键应用材料）·上海金山工业园区	第八批
	软件和信息服务·上海紫竹高新技术产业开发区	第五批
	数据中心·上海外高桥自贸区	第九批
	工业互联网·上海松江区	第八批
	软件和信息服务·上海浦东软件园	第四批

续表

地区	示范基地名称	批次
江苏省（30家）	装备制造（智能电网装备）·南京江宁区	第四批
	装备制造（工程机械）·江苏徐州经济技术开发区	第一批
	电子信息·江苏苏州工业园区	第一批
	医药·江苏连云港经济技术开发区	第八批
	电子信息·南京江宁经济开发区	第二批
	电子信息·苏州高新技术产业开发区	第五批
	纺织（家用纺织品）·江苏南通	第五批
	船舶与海洋工程装备·江苏南通	第二批
	装备制造·江苏海安经济技术开发区	第九批
	汽车产业（关键核心零部件）·江苏太仓	第八批
	汽车产业（零部件）·江苏常熟高新技术产业开发区	第九批
	装备制造·江苏江阴临港经济开发区	第三批
	装备制造·江苏张家港经济技术开发区	第六批
	医药·江苏泰州医药高新技术产业开发区	第三批
	电子信息（光电显示）·江苏昆山经济技术开发区	第一批
	数据中心·江苏昆山花桥经济开发区	第九批
	电子信息（传感网）·江苏无锡高新技术产业开发区	第一批
	环保装备·江苏宜兴	第二批
	高技术转化应用·江苏丹阳	第五批
	环保装备·江苏盐城环保产业园	第六批
	装备制造（轨道交通装备）·江苏常州	第四批
	电子信息（光电子）·江苏吴江经济技术开发区	第三批
	新材料（合成材料）·江苏泰兴经济开发区	第八批
	电子信息（新型电子元器件）·江苏武进高新技术产业开发区	第七批
	航空产业（零部件）·江苏镇江	第七批
	大型数据中心（实时应用类）·江苏南通国际数据中心产业园	第八批
	软件和信息服务·南京雨花软件园	第三批
	工业互联网·江苏苏州工业园区、苏州相城区	第十批
	新材料（特钢制造）·江苏江阴高新技术产业开发区	第十批
	装备制造（新能源电力装备）·江苏溧阳高新技术产业开发区	第十批

续表

地区	示范基地名称	批次
浙江省（20家）	电子信息（物联网）· 杭州高新区（滨江）	第三批
	医药 · 浙江台州	第六批
	装备制造（电工电气）· 浙江乐清	第二批
	纺织（针织品）· 浙江义乌工业园区	第五批
	纺织印染 · 浙江绍兴	第一批
	纺织（产业用纺织品）· 浙江海宁	第一批
	电子信息（光通信及智能终端）· 浙江嘉善	第八批
	轻工（铅蓄电池）· 浙江长兴经济技术开发区	第八批
	家具及竹木制品 · 浙江安吉	第九批
	石化化工（合成材料）· 浙江乍浦经济开发区	第四批
	装备制造（泵与电机）· 浙江温岭	第九批
	新材料（氟硅）· 浙江衢州高新技术产业开发区	第五批
	纺织（袜业）· 浙江诸暨	第七批
	电子信息 · 浙江嘉兴	第七批
	纺织（真丝产品）· 浙江嵊州	第四批
	汽车产业 · 浙江台州	第八批
	装备制造 · 浙江新昌	第三批
	船舶与海洋工程装备 · 浙江舟山	第三批
	高技术转化应用 · 浙江海盐核电关联高新技术产业园区	第十批
	装备制造（智能电梯）· 浙江湖州南浔经济开发区	第十批
安徽省（15家）	电子信息（新型平板显示）· 合肥新站区	第三批
	资源循环利用 · 安徽阜阳界首高新技术产业开发区	第八批
	软件和信息服务（智能语音）· 合肥高新技术产业开发区	第三批
	钢铁（钢铁及深加工）· 安徽马鞍山经济技术开发区	第五批
	高技术转化应用 · 安徽蚌埠禹会区	第八批
	家电产业 · 合肥经济技术开发区	第一批
	新材料（硅基）· 安徽蚌埠高新技术产业开发区	第四批
	高技术转化应用 · 安徽芜湖高新技术产业开发区	第三批
	家电 · 安徽滁州经济技术开发区	第四批
	汽车产业 · 安徽芜湖经济技术开发区	第一批
	有色金属（铜）· 安徽铜陵经济技术开发区	第二批
	汽车（新能源汽车）· 合肥包河工业园区	第六批
	装备制造（特种电缆）· 安徽无为	第六批
	新材料（生物基材料）· 安徽固镇经济开发区	第九批
	装备制造（智能测控设备）· 安徽滁州高新技术产业开发区	第十批

续表

地区	示范基地名称	批次
福建省（12家）	纺织服装・福建泉州经济技术开发区	第二批
	轻纺（鞋服纸制品）・福建晋江经济开发区	第九批
	高技术转化应用・福建宁德	第七批
	陶瓷制品・福建德化	第六批
	电子信息（显示器）・福建福清融侨经济技术开发区	第一批
	软件和信息服务・福州软件园	第三批
	五金制品（水暖厨卫）・福建南安经济开发区	第四批
	电子信息（物联网）・福州经济技术开发区	第六批
	高技术转化应用・福建龙岩	第八批
	电子信息・福建莆田高新技术产业开发区	第八批
	电子信息（光电子）・福建云霄县云陵工业开发区	第七批
	新材料（不锈钢）・福建福安湾坞不锈钢新材料产业园	第十批
江西省（17家）	陶瓷制品・江西景德镇	第三批
	电子信息（光伏）・江西上饶经济技术开发区	第八批
	电子信息（移动智能终端）・江西南昌高新技术产业开发区	第九批
	有色金属（铜加工）・江西鹰潭	第一批
	有色金属（稀土新材料）・江西赣州经济开发区	第二批
	电子信息（太阳能光伏）・江西新余高新技术产业园区	第二批
	中医药产业・江西樟树工业园区	第五批
	纺织服装・江西共青城经济开发区	第四批
	高技术转化应用（直升机）・江西景德镇	第三批
	家具・江西赣州南康区	第七批
	电子信息・江西吉安	第五批
	新材料（有机硅）・江西永修云山经济开发区	第六批
	数据中心・江西抚州高新技术产业开发区	第九批
	电子信息（物联网）・江西鹰潭	第八批
	装备制造（输变电设备）・江西崇仁工业园区	第六批
	无机非金属材料（建筑陶瓷）・江西省建筑陶瓷产业基地	第七批
	大数据・江西上饶高铁经济试验区	第十批

续表

地区	示范基地名称	批次
山东省（24家）	装备制造（内燃机）·山东潍坊高新技术产业开发区	第四批
	电子信息（智能办公自动化设备）·山东威海火炬高技术产业开发区	第九批
	食品·山东荣成	第六批
	装备制造（石油装备）·山东东营胜利经济开发区	第五批
	汽车产业（零部件）·山东日照经济技术开发区	第七批
	软件和信息服务·齐鲁软件园	第三批
	装备制造（智能农机）·山东潍坊坊子	第八批
	医疗器械·山东威海火炬高技术产业开发区	第八批
	装备制造（工程机械）·山东济宁高新技术产业开发区	第三批
	汽车产业·山东明水经济技术开发区	第二批
	太阳能光热应用装备·山东德州经济开发区	第二批
	大数据·济南高新技术产业开发区	第九批
	食品·山东诸城经济开发区	第七批
	电子信息·山东烟台经济技术开发区	第一批
	有色金属（铝加工）·山东龙口	第三批
	石化化工（合成材料、氟硅材料）·山东聊城高新技术产业开发区	第六批
	无机非金属材料（陶瓷、玻璃新材料）·山东淄博高新技术产业开发区	第二批
	有色金属（铜）·山东阳谷	第四批
	数据中心·山东枣庄高新技术产业开发区	第九批
	装备制造（工程机械）·山东临沂经济技术开发区	第五批
	装备制造（机床）·山东滕州经济开发区	第八批
	生物产业·山东德州	第一批
	高技术转化应用·山东威海火炬高技术产业开发区	第十批
	新材料（轻量化铝）·山东滨州邹平	第十批
河南省（14家）	装备制造（节能环保装备）·河南洛阳高新技术产业开发区	第一批
	装备制造（起重机械）·河南长垣	第二批
	大数据·河南洛阳大数据产业园	第九批

续表

地区	示范基地名称	批次
河南省（14家）	装备制造·郑州经济技术开发区	第二批
	食品·河南漯河经济技术开发区	第二批
	高技术转化应用·河南洛阳涧西区	第四批
	石化化工（尼龙新材料）·平顶山高新技术产业开发区	第三批
	石化化工（烯烃及深加工、电子化学品）·河南濮阳经济技术开发区	第六批
	食品产业·河南汤阴县	第一批
	装备制造（矿山装备）·河南焦作高新技术产业开发区	第五批
	有色金属（铝）·河南三门峡高新技术产业开发区	第四批
	有色金属（铝加工）·河南巩义市产业集聚区	第三批
	汽车产业·河南中牟	第八批
	建材（绿色建材）·河南汝阳产业集聚区	第十批
湖北省（18家）	电子信息（光电子）·武汉东湖新技术开发区	第一批
	船舶与海洋工程装备·湖北武汉	第五批
	资源综合利用·湖北襄阳	第六批
	汽车·湖北十堰经济开发区	第四批
	汽车产业·武汉经济技术开发区	第一批
	高技术转化应用·湖北宜昌高新技术产业开发区	第八批
	汽车产业·湖北襄阳高新技术产业开发区	第二批
	循环经济（化工）·湖北武汉化学工业区	第七批
	高技术转化应用·湖北襄阳樊城区	第二批
	汽车（专用车）·湖北随州高新技术产业园区	第六批
	软件和信息服务·武汉洪山区	第四批
	食品·武汉东西湖区	第五批
	高技术转化应用·湖北孝感高新技术产业开发区	第二批
	有色金属（铜）·湖北黄石经济开发区	第二批
	石化化工（磷化工）·湖北宜昌经济技术开发区猇亭园区	第三批
	装备制造（轻工机械）·湖北京山经济开发区	第八批
	工业互联网·湖北武汉	第九批
	纺织（医用品）·湖北仙桃高新技术产业开发区	第十批

续表

地区	示范基地名称	批次
湖南省（19家）	装备制造（工程机械）·长沙经济技术开发区	第一批
	新材料（电池材料）·湖南金洲新区	第六批
	有色金属（铝加工）·湖南望城经济技术开发区	第八批
	电子信息·湖南浏阳经济技术开发区	第七批
	资源循环利用（再制造）·湖南浏阳高新技术产业开发区	第九批
	装备制造（轨道交通装备）·湖南株洲高新技术产业开发区	第一批
	高技术转化应用·湖南湘潭雨湖区	第四批
	装备制造·湖南益阳高新技术产业开发区	第四批
	陶瓷制品·湖南醴陵经济开发区	第六批
	高技术转化应用·湖南平江工业园区	第三批
	工业物流·长沙金霞经济开发区	第五批
	汽车产业·长沙雨花工业园区	第三批
	农副产品深加工（绿色食品）·湖南祁阳	第八批
	高技术转化应用·湖南株洲	第二批
	石化化工（炼化、合成材料）·岳阳绿色化工高新技术产业开发区	第二批
	装备制造（能源装备）·湖南湘潭高新技术产业开发区	第三批
	钢铁（精品薄板）·湖南娄底经济技术开发区	第二批
	钢铁（无缝钢管）·湖南衡阳高新技术产业园区	第二批
	装备制造（工程机械）·湖南常德高新技术产业开发区	第十批
广东省（21家）	电子信息（通信设备）·广东东莞松山湖高新技术产业开发区	第五批
	装备制造（智能装备）·广州黄埔区	第八批
	大数据·广东琶洲人工智能与数字经济试验区	第九批
	生物医药·广东中山高技术产业开发区	第四批
	汽车产业·广州花都区	第二批
	石化化工（炼化、合成材料）·广东惠州大亚湾经济技术开发区	第八批
	工业设计·广州经济技术开发区	第一批
	电子信息（移动智能终端）·广东惠州仲恺高新技术产业开发区	第四批
	食品·广东江门	第六批

续表

地区	示范基地名称	批次
广东省（21家）	高技术转化应用·广东湛江高新技术产业开发区	第七批
	医药·珠海高新区三灶科技工业园区	第三批
	软件和信息服务·广州天河软件园	第三批
	陶瓷制品·广东潮州枫溪区	第五批
	电子信息（光电显示）·广东佛山	第一批
	工业设计·广东佛山顺德区	第二批
	海洋工程装备·广东珠海经济技术开发区	第七批
	装备制造（模具制造）·广东揭东经济开发区	第二批
	轻工（灯饰）·广东中山市古镇	第三批
	航空产业·广东珠海航空产业园	第二批
	工业互联网·广东佛山	第十批
	汽车产业（新能源汽车）·广州番禺汽车城	第十批
广西壮族自治区（5家）	装备制造（内燃机）·广西玉林玉州区	第二批
	有色金属（铝）·广西百色工业园区	第二批
	汽车产业·广西柳州	第一批
	电子信息·广西桂林	第五批
	装备制造（工程机械）·广西柳州柳南区	第四批
海南省（2家）	石化化工（烯烃、芳烃）·海南洋浦经济开发区	第一批
	软件和信息服务·海南生态软件园	第五批
重庆市（16家）	电子信息（物联网）·重庆南岸区	第二批
	食品·重庆涪陵工业园区	第三批
	装备制造·重庆江津工业园区	第二批
	有色金属（铝加工）·重庆西彭工业园区	第二批
	装备制造（机器人）·重庆永川工业园区	第七批
	石化化工（合成材料、有机化工）·重庆长寿经济技术开发区	第五批
	高技术转化应用·重庆璧山工业园	第四批
	食品（粮油加工）·重庆江津工业园区	第九批
	汽车·重庆北部新区	第四批
	摩托车产业·重庆九龙工业园区	第一批
	高技术转化应用·重庆两江新区工业开发区	第七批

续表

地区	示范基地名称	批次
重庆市（16家）	大数据·重庆两江新区	第九批
	汽车产业·重庆合川区	第八批
	电子信息（集成电路）·重庆高新技术产业开发区	第十批
	工业互联网·重庆两江新区、重庆经开区、北碚区、江津区	第十批
	软件和信息服务·重庆仙桃国际大数据谷	第十批
四川省（26家）	节能环保·四川金堂	第七批
	食品（国优名酒）·四川宜宾	第二批
	装备制造（油气开采装备）·四川德阳广汉高新技术产业园区	第六批
	食品（名优白酒）·四川泸州酒业集中发展区	第三批
	高技术转化应用·四川泸州（长江）经济开发区	第八批
	电子信息·成都高新技术产业开发区	第一批
	汽车产业·成都经济技术开发区	第二批
	无机非金属材料（绿色建材）·成都青白江经济开发区	第六批
	装备制造（航空动力与轨道交通）·成都新都工业园	第八批
	装备制造·四川德阳	第一批
	钢铁（钒钛）·四川攀枝花	第一批
	电子信息（数字视听）·四川绵阳高新技术产业开发区	第一批
	装备制造·四川内江经济技术开发区	第九批
	电子信息（光电子）·四川遂宁经济技术开发区	第七批
	高技术转化应用·四川广元	第二批
	产业转移合作·四川南部经济开发区	第九批
	高技术转化应用·四川绵阳科技城	第二批
	产业转移合作·四川广安高新技术产业园区	第八批
	电子信息（智能终端）·四川宜宾临港经济技术开发区	第九批
	钢铁（不锈钢及深加工）·四川乐山沙湾区	第五批
	装备制造（节能环保装备）·四川自贡高新技术产业开发区	第三批
	大数据·成都崇州经济开发区	第八批
	石化化工（化肥）·四川达州高新技术产业园区	第四批
	高技术转化应用·四川自贡航空产业园区	第十批
	生物医药·四川成都医学城	第十批
	数据中心·四川雅安经济开发区	第十批

续表

地区	示范基地名称	批次
贵州省（13 家）	大数据·贵阳国家高新技术产业开发区	第九批
	食品（国优名酒）·贵州仁怀	第二批
	南方数据中心（大数据类）·贵州贵安综合保税区（贵安电子信息产业园）	第八批
	产业转移合作·贵州独山经济开发区	第八批
	石化化工（磷化工）·贵州福泉	第一批
	医药·贵阳乌当区	第七批
	汽车产业·贵州毕节高新技术产业开发区	第七批
	钢铁（钢铁及机械装备）·贵州六盘水钟山区	第六批
	高技术转化应用·贵州遵义经济技术开发区	第五批
	石化化工（磷化工）·贵州开阳	第四批
	有色金属（锰钡汞系）·贵州大龙经济开发区	第八批
	高技术转化应用·贵阳经济技术开发区	第二批
	有色金属（铝）·贵州荀江经济开发区	第九批
云南省（9 家）	生物医药·昆明高新技术产业开发区	第九批
	新材料（稀贵金属）·昆明高新技术产业开发区	第三批
	石化化工（磷化工）·云南安宁工业园区	第一批
	生物医药·云南玉溪红塔工业园区	第五批
	有色金属（锌铅锑等冶炼）·云南祥云财富工业园	第四批
	高技术转化应用·昆明经济技术开发区	第三批
	有色金属（铝加工）·云南富源工业园区	第九批
	循环经济（煤化工）·云南曲靖煤化工工业园区	第五批
	有色金属（锡）·云南个旧产业园区	第二批
西藏自治区（2 家）	高原绿色食品·拉萨经济技术开发区	第二批
	资源综合利用·西藏藏青工业园区	第十批
陕西省（14 家）	高技术转化应用（航天）·陕西西安	第一批
	航空产业·陕西西安	第一批
	高技术转化应用（航空）·陕西汉中航空产业园	第四批
	富硒食品·陕西安康高新技术产业开发区	第七批
	有色金属（钛）·陕西宝鸡高新技术产业开发区	第三批
	电子信息·西安高新技术产业开发区	第二批
	软件和信息服务·西安高新区软件园	第五批

续表

地区	示范基地名称	批次
陕西省（14家）	高技术转化应用·西安兵器工业科技产业基地	第六批
	农产品深加工·陕西杨凌农业高新技术产业示范区	第二批
	汽车产业·西安经济技术开发区	第一批
	装备制造（增材）·陕西渭南高新技术产业开发区	第八批
	汽车产业（专用车及零部件）·陕西蔡家坡经济技术开发区	第三批
	大数据·陕西西咸新区沣西	第六批
	石化化工（煤化工）·陕西榆林榆神工业区	第四批
甘肃省（8家）	有色金属（铜镍钴）·甘肃金昌经济技术开发区	第一批
	生物医药·兰州高新技术产业开发区	第八批
	高技术转化应用·兰州经济技术开发区	第三批
	有色金属及化工（铜锌冶炼、化工）·甘肃白银高新技术产业园区	第二批
	钢铁（特种钢材）·甘肃嘉峪关工业园区	第二批
	大数据·甘肃兰州新区	第九批
	装备制造（能源装备）·甘肃酒泉经济技术开发区	第六批
	数据中心·甘肃兰州新区丝绸之路西北大数据产业园	第十批
青海省（2家）	有色金属（晶体硅、铜加工）·西宁东川工业园区	第四批
	石化化工（盐湖化工、金属新材料）·青海柴达木循环经济试验区	第一批
宁夏回族自治区（7家）	石化化工（煤基新材料）·宁夏宁东能源化工基地	第九批
	新材料（钽铌、电池材料）·宁夏石嘴山经济开发区	第一批
	钢铁（电解锰）·宁夏中宁工业园区	第六批
	农副产品加工·宁夏贺兰山工业园区	第四批
	食品（农副产品加工）·宁夏吴忠金积工业园区	第二批
	装备制造·银川经济技术开发区	第三批
	纺织（羊绒制品）·银川高新技术产业开发区	第一批
新疆维吾尔自治区（9家）	装备制造（能源装备）·乌鲁木齐经济技术开发区	第一批
	石化化工（炼化、合成材料）·新疆奎屯—独山子经济技术开发区	第三批
	装备制造（能源装备）·新疆昌吉高新技术产业园区	第三批

续表

地区	示范基地名称	批次
新疆维吾尔自治区（9家）	纺织·新疆库尔勒经济技术开发区	第四批
	电子信息（太阳能光伏）·乌鲁木齐高新技术产业开发区	第二批
	石化化工（炼化）·新疆库车	第六批
	石化化工（炼化、合成材料）·新疆克拉玛依石油化工工业园区	第三批
	有色金属及化工（铜、铝、氯碱）·新疆阜康产业园	第六批
	有色金属（硅及铝）·新疆准东经济技术开发区	第十批
新疆生产建设兵团（2家）	石化化工（合成树脂、烧碱）·新疆石河子经济技术开发区	第二批
	高技术转化应用·新疆兵团第一师阿拉尔经济技术开发区	第十批
辽宁省大连市（7家）	装备制造（轴承）·大连瓦房店	第四批
	装备制造·大连市大连湾临海装备制造业聚集区	第一批
	软件和信息服务·大连高新技术产业园区	第三批
	装备制造（智能装备制造）·大连金州新区	第五批
	电子信息·大连经济技术开发区	第二批
	石化化工（精细化工）·大连长兴岛经济技术开发区	第九批
	装备制造（互感器）·大连互感器产业园	第八批
浙江省宁波市（6家）	装备制造·宁波经济技术开发区	第七批
	石化化工（炼化、合成材料）·宁波石化经济技术开发区	第一批
	汽车产业·宁波杭州湾新区	第八批
	石化化工（有机化工）·宁波大榭开发区	第九批
	高技术转化应用·宁波鄞州区	第三批
	家电产业·浙江余姚	第二批
福建省厦门市（3家）	电子信息（光电显示）·厦门火炬高技术产业开发区	第一批
	软件和信息服务·厦门软件园	第四批
	装备制造·厦门集美台商投资区	第二批
山东省青岛市（6家）	家电及电子信息·山东青岛	第一批
	船舶与海洋工程装备·青岛经济技术开发区	第二批
	软件和信息服务·青岛软件园	第三批
	食品·青岛平度经济开发区	第六批
	纺织服装·青岛即墨	第五批
	装备制造（轨道交通装备）·青岛城阳区	第四批
广东省深圳市（4家）	工业互联网·深圳宝安区	第九批
	软件和信息服务·深圳软件园	第三批
	电子信息·深圳高新区深圳湾园区	第一批
	电子信息·深圳坪山区	第八批